SUE WARD

Das Fundament der Astrologie

Standardwerke der Astrologie

SUE WARD

Das Fundament der Astrologie

Wie die alten Herrscher und die neuen Planeten zu ihrer astrologischen Deutung kamen.

Aus dem Englischen
übersetzt von Reinhardt Stiehle

CHIRON VERLAG

Deutsche Erstausgabe

ISBN 978-3-89997-195-8

Umschlag: Walter Schneider unter Verwendung des Gemäldes „Der erste Tag" von Franciso de Holanda (1517 - 1585)

Druck: SDL, Berlin
Horoskopgrafiken: Sarastro

Zu beziehen im Buchhandel oder über:
Chiron Verlag, Postfach 1250, D-72002 Tübingen
www.chironverlag.com

Inhalt

Einleitung

Die Ansicht, dass man die Astrologie mit wissenschaftlichen Standards angemessen beweisen könne, ist eine in weiten Kreisen der Astrologie liebgewonnene Meinung. Das Ziel wäre, den Forderungen der Aufklärung Genüge zu tun, die beharrlich darauf bestand, dass traditionelle Vorstellungen ohne vorherige Prüfung nicht mehr annehmbar seien. Als die Astrologie Ende des 19. und zu Beginn des 20. Jahrhundert dem weitreichenden Einfluss des New Age[1] zugerechnet wurde, war das Resultat, dass zahlreiche Ansätze der Astrologie aufkamen, die oftmals versuchten, ihre wissenschaftliche Gültigkeit zu beweisen. Nun könnte man argumentieren, dass das New Age sich aus der Aufklärung herleitet, und dass beide Bewegungen einen wichtigen Schritt in der Entwicklung der Menschheit anzeigen. Man könnte aber genauso gut folgern, dass das New Age im Widerspruch zur Aufklärung steht. Letztere drängte nach kritischer und objektiver Forschung, während das New Age auf den Wert persönlicher und subjektiver Eindrücke pochte, sich jedoch selbst oft als eine empirische Wissenschaft auswies.

Die Aufklärung trug ihren Teil dazu bei, dass die Religion auf immer engere Aktivitätsfelder verwiesen wurde, während das New Age einen wahren Supermarkt an Philosophien anbot. So wurde die Astrologie zwischen beide gezwängt. Auf der einen Seite sollte die Astrologie den strengen Vorgaben der neuen Wissenschaft gerecht werden, und zugleich sollte sie der breit gefächerten Weltsicht des New Age zu Gefallen sein. Aus Sicht der

---

1 Anm. d. Übers.: Der Begriff „New Age" wurde in der zweiten Hälfte des 19. Jahrhunderts geprägt und zwar vor allem im Umfeld der Theosophie durch die Verbreitung der Schriften Alice Baileys.

Astrologen schien die neu entstandene Psychologie jene Wissenschaft zu sein, die an beiden Welten Anteil hatte. Die Psychologie erfüllte für sie viele der Kriterien, die für eine Anerkennung durch die Wissenschaft erforderlich waren, obwohl auch die Psychologie anfänglich dieselbe Geringschätzung und den gleichen Spott erfahren hatte wie die Astrologie, denn ihr öffentliches Bild war mysteriös und esoterisch. Nachdem es so schien, dass sie mit gespreizten Beinen über der „materiell-spirituellen" Barriere stand, war die Psychologie für viele Astrologen der perfekte Verbündete bei ihrer Suche nach Anerkennung in der akademischen Welt.

Die Diskussion, ob Astrologie eine Wissenschaft ist und folglich bewiesen oder widerlegt werden kann, lief über eine sehr lange Zeit. Solange jedoch die Aufmerksamkeit ganz auf diese Fragestellung gerichtet war, wurde eine andere, vielleicht sehr viel wesentlichere Frage übersehen, nämlich ob die Astrologie heilig oder säkular ist. Mit anderen Worten, gehört die Astrologie in die gegenwärtige, materielle Welt oder in den Bereich des Metaphysischen bzw. Göttlichen? Wenn die Astrologie heilig ist, wofür sie einst gehalten wurde, dann steht sie außerhalb wissenschaftlicher Spielregeln. Die Bürde des Beweises oder der Widerlegung lastet dann auf den Wissenschaftlern und nicht auf den Astrologen. Ist die Astrologie dagegen säkular, dann liegt es an den Astrologen, die Substanz für ihre Behauptungen in angemessener materialistischer Manier zu liefern.

Für eine große Zahl von Astrologen besteht der Sinn der Astrologie darin, das Individuum mit größerer Selbsterkenntnis auszustatten, was oft als „Befähigung" ausgewiesen wird und zu einer größeren Kontrolle über das eigene Leben führen soll. Psychologen können zur Unterstützung der eigenen Wissenschaft auf ähnliche Weise argumentieren. Diese Ziele weichen von den Ansätzen der Astrologen von damals nicht groß ab:

„Das Wissen darüber ist von ausgezeichnetem Nutzen ... für jene, die sorgfältig auf eine natürliche Weise den Verlust ihrer Wesenheit und ihrer Neigungen vermeiden möchten, in die sie hineinschlittern würden."[2]

---

[2] William Lilly. *Christliche Astrologie Buch 1 + 2*. Tübingen 2007, S. 162.

Die Versuche von Astrologen, die Stichhaltigkeit ihres Faches darzulegen, hingen größtenteils von einem psychologischen Modell ab. Ein solches Modell scheint sehr viel mit der Astrologie oder ihrem Zweck gemeinsam zu haben. Allerdings ruht die Astrologie auch in ihren eigenen Denkkategorien und bedarf keiner Zurückführung auf die Psychologie oder sonst einer Lehre. Die Astrologie hat ihr eigenes philosophisches Gerüst, aufgrund dessen sie ihre Unabhängigkeit behaupten kann.

Das Ziel dieses Buches ist es, die philosophischen Grundlagen der Astrologie zu erklären und unter Verwendung einer der ältesten Quellen darzulegen. Sodann will ich die Veränderungen aufzeigen, die nach der Aufklärung und durch das New Age stattgefunden haben. Anschließend führe ich den Leser in die Gegenwart und demonstriere die Resultate dieser nachträglichen Eingriffe in der Praxis und in der Grundeinstellung. Der erste Teil wird Ideen vorstellen, die sich auf das Wesen der Astrologie und ihren Zweck beziehen. Hier zeige ich auf, wie die Struktur der Astrologie sowohl den philosophischen als auch den physikalischen Rahmen des Universums reflektiert. Im zweiten Teil befassen wir uns noch genauer und intensiver damit, welche Veränderungen der Astrologie durch das New Age auferlegt wurden. Dessen erklärtes Ziel war es, die Anerkennung durch die Wissenschaft herbeizuführen, obwohl seine Verfechter eine esoterische oder spirituelle Sprache benützten. Der daraus resultierende Gegensatz wird unsere Aufmerksamkeit auf einige der Gründe lenken, warum die Astrologie vom Establishment der Wissenschaft nicht akzeptiert wurde und warum sie aus den gleichen Gründen niemals anerkannt werden wird.

Gott, das Universum und das Eigentliche

Der Schlüssel zur Astrologie und deren praktischer Anwendung liegt in ihrem geistigen Unterbau und in ihrer Philosophie. Trotz der Unterschiede in der Herangehensweise haben alle Denkschulen eines gemeinsam, nämlich dass es Theorie und Praxis gibt, oder anders ausgedrückt: ein System und eine Methode. Einmal gründlich gelernt, entwickelt sich ein Verständnis, aber das erforderliche Verstehen vollzieht sich nicht im Gehirn, welches lediglich Informationen sammelt und diese in eine wiedererkennbare und gebräuchliche Form bringt. Jeder kann nachvollziehen, dass Merkur im Quadrat zu Mars eine hitzige Diskussion hervorrufen könnte. Ein tieferes Verständnis antwortet auf die Frage, *warum* Merkur im Quadrat auf einen heftigen Wortwechsel hinweist. Solch ein tiefes Verstehen braucht bei allen, abgesehen von den besonders Begabten, eine lange Zeit, bis es sich entwickelt. Aber mit einem solchen tieferen Verständnis können wir all unser Wissen sammeln und es in jeder Hinsicht ohne Gewalt, ohne besondere Kunstgriffe anpassen. Somit kann die Astrologie alles Erforderliche tun und wird niemals enttäuschen. Die Antwort beginnt im Intellekt, dem merkurialen Teil.

Was die Aufklärung und das New Age zustande gebracht haben, war die Abspaltung der Astrologie von den anderen hermetischen Wissenschaften wie der Magie oder der Alchemie. Eine Unterbrechung von 200 Jahren in der Entwicklungslinie der Astrologie führte zu einem geradezu katastrophalen Schaden: Die mündliche Überlieferung ging verloren. Dadurch war die Astrologie so gut wie tot und wenn nicht Astrologen wie William Lilly Schriften in ihrer Muttersprache veröffentlicht hätten, wäre die

Überlieferung ganz verloren gegangen. Es ist klar, dass die Astrologie ähnlich wie die Gesellschaft säkularisiert werden musste und dass dies mit dem Problem zusammenhängt, dem sich die Tradition stellen musste.

Soweit das menschliche Wissen zurückreicht, blieb die Astrologie von einer Generation zur nächsten und von einer Kultur zu nächsten wiedererkennbar. Ihre Abstammung kann in gerader Linie zurückverfolgt werden. Allerdings hörte diese Entwicklungslinie gegen Ende des 19. Jahrhunderts auf, und in heutiger Zeit weist die Astrologie nur noch wenig Ähnlichkeit mit ihrer Tradition auf. Mit der zunehmenden Säkularisation der Gesellschaft wurden Göttlichkeit und Schöpfung vergessen. Wir haben die alte Spiritualität und die entsprechenden Philosophien beiseite geschoben und durch andere Dinge abgelöst. Wir haben sie allerdings nicht mit einer vereinheitlichenden Philosophie ersetzt, es fehlt ein Rahmen, mit dem wir alle gemeinsam arbeiten könnten. Dieser Zerfall bedeutet, dass es kein System und keine Theorie mehr gibt. Nur die Methode, die Praxis, bleibt, und diese variiert von Astrologe zu Astrologe.

Viele Astrologen meinen, dass Astrologie genau so funktionieren sollte, und auf diese Weise führen sie den Glauben des New Age an das fort, was man subjektiven Empirismus nennen könnte. Deswegen haben wir eine unförmige Masse von Ideen, formlos aus Mangel an Struktur oder System und ohne eine zentrale, allumfassende Perspektive, das heißt ohne Einbindung. In vergangenen Zeiten wurde dieses vereinigende Prinzip als der Glaube an die göttliche Natur der Schöpfung beschrieben, es handelte sich mit anderen Worten um einen starken Glauben an Gott. Man kann die Auswirkungen dieses Glaubens in dem nationalen Trauma des Englischen Bürgerkrieges sehen. Elias Ashmole, ein royalistischer Offizier, wurde von Jonas Moore, einem Katholiken, William Lilly vorgestellt, der wiederum ein Anhänger der Parlamentarier und Puritaner war. Lilly hätte Ashmole den Behörden melden können, denn es war royalistischen Offizieren untersagt, London zu betreten, aber stattdessen unterstützte er Ashmole. Wie wir oft vernehmen, trafen sich Astrologen beider politischer und religiöser Lager einmal jährlich zu einem Essen. Diese Astrologen der alten Schule halfen und unterstützten einander im Angesicht des grausamsten Bürgerkrieges – wenigstens bis zu einem gewissen Grad. Man kann nun vernünftigerweise spekulieren, dass jeder von ihnen erkannte, dass sie eine göttliche Kunst ausübten und dass das Göttliche, als der Geist der Astrologie, ihr Zentrum und ihre treibende Kraft war.

Zum Verständnis dieser Prinzipien ist keine religiöse Perspektive und kein Glaube erforderlich, und es ist unwichtig, ob andere Worte dafür gebraucht werden. Bei dem Versuch, die Astrologie zu verstehen, müssen wir jedoch begreifen, was diese ist und warum und wie sie funktioniert. Auf diese Weise erhöhen wir sowohl die Astrologie als auch uns selbst. *„Du sprachst mit Engeln, nein, mit Gott selbst!"*, um Lilly und seine Zeitgenossen zu zitieren. Die Auswahl anderer Begriffe, um diese Ideen zum Ausdruck zu bringen, verändert nichts, weil das Prinzip das gleiche bleibt und man dieses einfach nur mit einem Namen versehen muss. Wird die Göttlichkeit akzeptiert, und sei es nur als Prinzip, dann wird schnell klar, dass die Wissenschaft der Aufklärung keine angemessenen Fragen zur Astrologie stellt, vielleicht auch nicht stellen kann.

Betrachten Astrologen diese Planetensymbole, dann kommt ihnen sofort deren Bedeutung in den Sinn. Wären diese einfach nur eine Kurzschrift, dann wäre der nahe gelegene Reflex nicht imaginativ, sondern lediglich intellektuell. Diese Glyphen sind Symbole, und wie alle Symbole können sie den Intellekt umgehen. Das ist auch der wichtigste Grund dafür, dass es uns so schwerfällt, uns von unkorrekter Symbolik frei zu machen. Es gibt eine stillschweigende Interaktion zwischen dem Astrologen und diesen Symbolen, die weit über ein schnelles Niederschreibens von Ideen hinausgeht. Ähnlich wie Ideogramme sind diese Symbole Repräsentanten von Prinzipien, die weit über ihre einfachen Namen und ihre Gestalt hinausreichen.

Sie sind symbolisch für ein komplexes System an Entsprechungen. Wir können diese Korrespondenzen als eine Verkörperung bestimmter Dinge oder, in astrologischen Worten, als Herrschaften zum Ausdruck bringen. Das System der Entsprechungen ist aber sehr viel profunder, als diese Worte nahelegen.

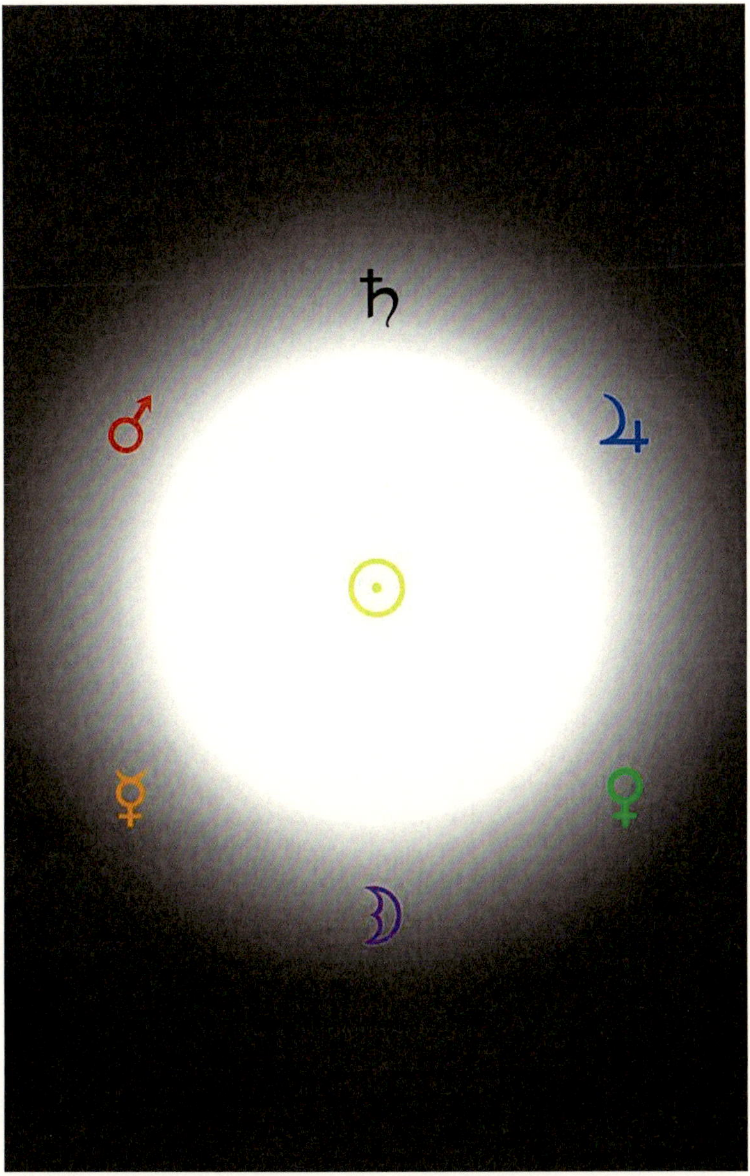

Die Auseinandersetzung mit dieser Fragestellung ist nicht Gegenstand des vorliegenden Buches, aber es ist der Mühe wert, auf Folgendes hinzuweisen: Wenn wir z B. sagen „Mars herrscht über den Krieg", dann behauptet die Entsprechungslehre, dass Mars Krieg ist, und dass Krieg Mars ist. Wir sehen ziemlich eindeutig, dass, sobald ein Krieg geführt wird, auch andere Entsprechungen von Mars augenscheinlich werden. Krieg muss auch nicht zwangsläufig Blutvergießen bedeuten: Ein Krieg der Worte, ein Kalter Krieg und psychologische Kriegsführung sind treffende Redewendungen. Mars korrespondiert mit Krieg und Krieg korrespondiert mit Mars.

Ein Verständnis der Astrologie ist davon abhängig, dass Ordnung, Strukturen, die Natur und der göttliche Wille begriffen werden, wie auch immer man den göttlichen Willen definieren mag. Innerhalb dieser Ordnung gibt es das System der Entsprechungen, die als Ähnlichkeiten, Übereinstimmungen oder Analogien definiert werden. Analogie wird definiert als eine gewisse Ähnlichkeit zwischen Dingen, die sich ansonsten nicht gleichen. Über dieses System lernen wir *die Essenz* der Dinge kennen, und von dieser Essenz werden alle anderen Entsprechungen abgeleitet. Das astrologische System als Ganzes korrespondiert mit der Natur, und die Natur korrespondiert mit dem astrologischen System. Eine Veränderung an diesem System bedeutet, dass wir die Natur verändern, und nur durch eine Veränderung der Natur kann man das System ändern. Wir können den Planeten Mars nicht verändern und etwas anderes aus ihm manchen, genauso wenig wie wir die grundlegende Wirklichkeit des Krieges verändern können.

Makrokosmos und Mikrokosmos, wie oben, so unten. Diese Redewendungen werden unter Astrologen oft verwendet, aber wir müssen auch verstehen, was dieses Prinzip bedeutet und warum es für die Astrologie von so großer Wichtigkeit ist. Will man ein wahres Verständnis der Astrologie erlangen, dann reicht ein Lippenbekenntnis zu ihrer Philosophie bei weitem nicht aus - und Astrologie ist eine Philosophie. Die Menschheit korrespondiert mit der Natur; wir sind der Mikrokosmos der Natur, und folglich kann dieses Prinzip auf die Nativität angewandt und durch diese getestet werden, die Astrologie des Individuums. Wenden wir uns wieder der Abspaltung der Astrologie von den hermetischen Wissenschaften zu, dann werden wir feststellen, dass die Hermetik ihren Aspiranten eine Methode an die Hand gab, um die Korrespondenzen „nachzuweisen." Sie waren in der Lage, das astrologische System in ihren Begriffen als wissenschaftliche Tatsache unter Beweis zu stellen. Wir haben auf der anderen Seite diesen sogenannten Wahrheitsbeweis auf Treu und Glauben hinzunehmen, falls wir diesen überhaupt akzeptieren. Machen wir mit unseren Studien Fortschritte und gewinnen an Erfahrung, dann können wir eventuell die Wahrheit dieser Einstellung herausfinden, aber wir haben nicht mehr länger die Mittel zur Hand, um unsere eigenen „Labortests" durchzuführen. Die mündlichen Lehren, durch die wir auf die eine oder andere Weise so viel mehr verstehen könnten, sind für uns notgedrungen verloren, und auf uns liegt die Bürde, diese Zusammenhänge zu begreifen, wenn wir ein wahres Verständnis entwickeln wollen. Unsere Aufgabe besteht darin, zu entdecken, warum dieses für die großen Seelen der Vergangenheit so bedeutsam war. Vor allem sollten wir nicht den Fehler von Alan Leo[3] und anderen machen und die alten Wissenschaftler als Ignoranten und als in den Mysterien ungebildete Dilettanten zu betrachten.

Um die Astrologie zu verstehen und somit auch ihre Techniken anwenden zu können, *müssen wir ihre Struktur erkennen und herausfinden, warum die Astrologie so ist,* wie sie ist, einerlei, welcher Schule jemand angehört oder sich anschließt. So werden wir nun den ältesten Mythos betrachten, nämlich die Schöpfungsgeschichte aus der Genesis. Es gibt aber auch andere Mythen, die eine ähnliche Geschichte erzählen. Astrologie bringt die Schöpfung zum Ausdruck, und darin liegt der Schlüssel!

Beginnen wir mit einigen einfachen Prinzipien. Unser Universum ist geozentrisch, das heißt der Planet Erde steht in der Mitte

---

[3] Alan Leo, Astrologe, Mitglied der Theosophischen Gesellschaft und Autor vieler Astrologiebücher. Seine tragende Rolle bei der Abspaltung der Astrologie wird im zweiten Teil diskutiert.

des sichtbaren Universums, das sich um ihn dreht. Bereits an dieser Stelle wird klar, dass dieses System nicht mit einigen wissenschaftlichen Tatsachen in Übereinstimmung zu bringen ist. Aber so unrichtig es in materialistischer Hinsicht auch sein mag, wir haben es mit einer Perspektive aus Sicht der Erde zu tun. Poeten, Künstler und Liebende geraten nicht wegen des schönen Aufgehens der Erde in Verzückung, sondern wegen des Sonnenunterganges. Denn so ist es für unsere Augen sichtbar. Unsere Augen sehen aufgrund des Lichts und einerlei, wie spitzfindig wir in technologischer und wissenschaftlicher Hinsicht auch sein mögen, alles ist auf das Licht angewiesen.

Wir haben also ein geozentrisches Universum, erfüllt mit dem Gegensatz von Hell und Dunkel. Aus dem offenkundigen Chaos des materiellen Lebens heraus muss der Astrologe eine Ordnung suchen, Muster, aus denen er die Vergangenheit, Gegenwart und Zukunft lesen kann. Die Schöpfungsgeschichte ist passend, denn sie spricht von der Ordnung, nach der wir suchen, sie spricht in Analogien.[4]

---

[4] Alle Bibelzitate nach der *Elberfelder Bibel*, Ausgabe 1905.

Im Anfang ...

... schuf Gott ...

... die Himmel und die Erde ...

Und die Erde war wüst und leer, und Finsternis war über der Tiefe;

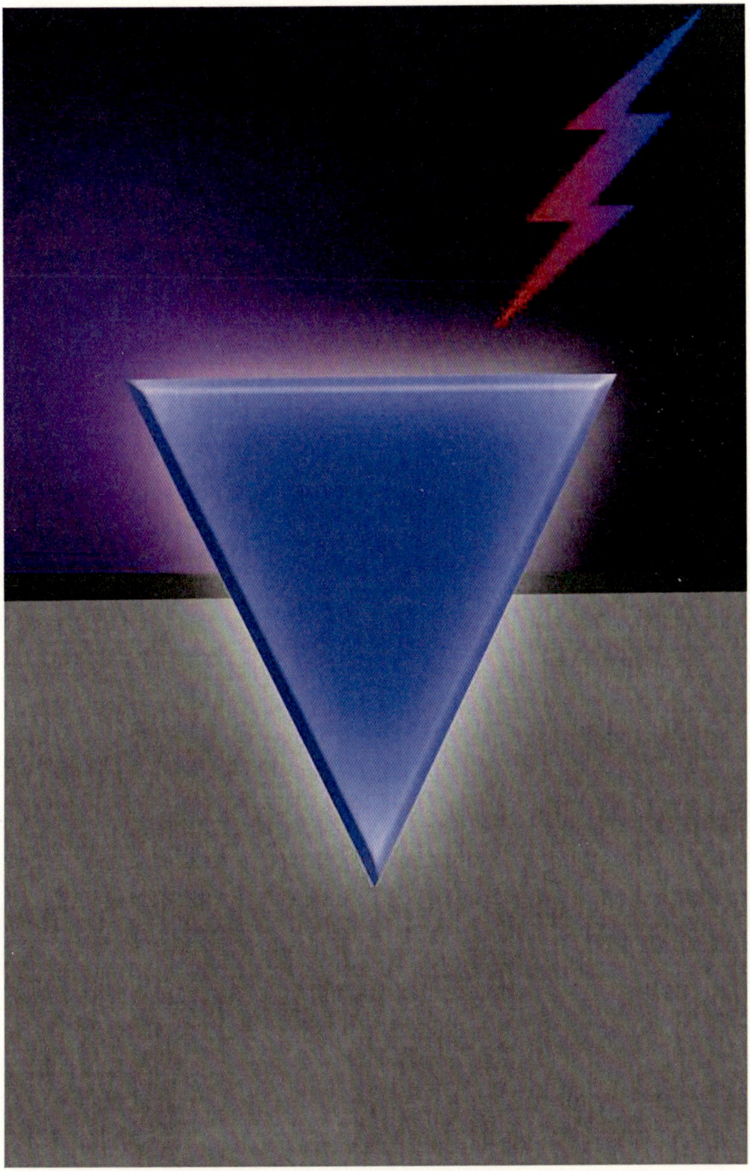

und der Geist Gottes schwebte über den Wassern.

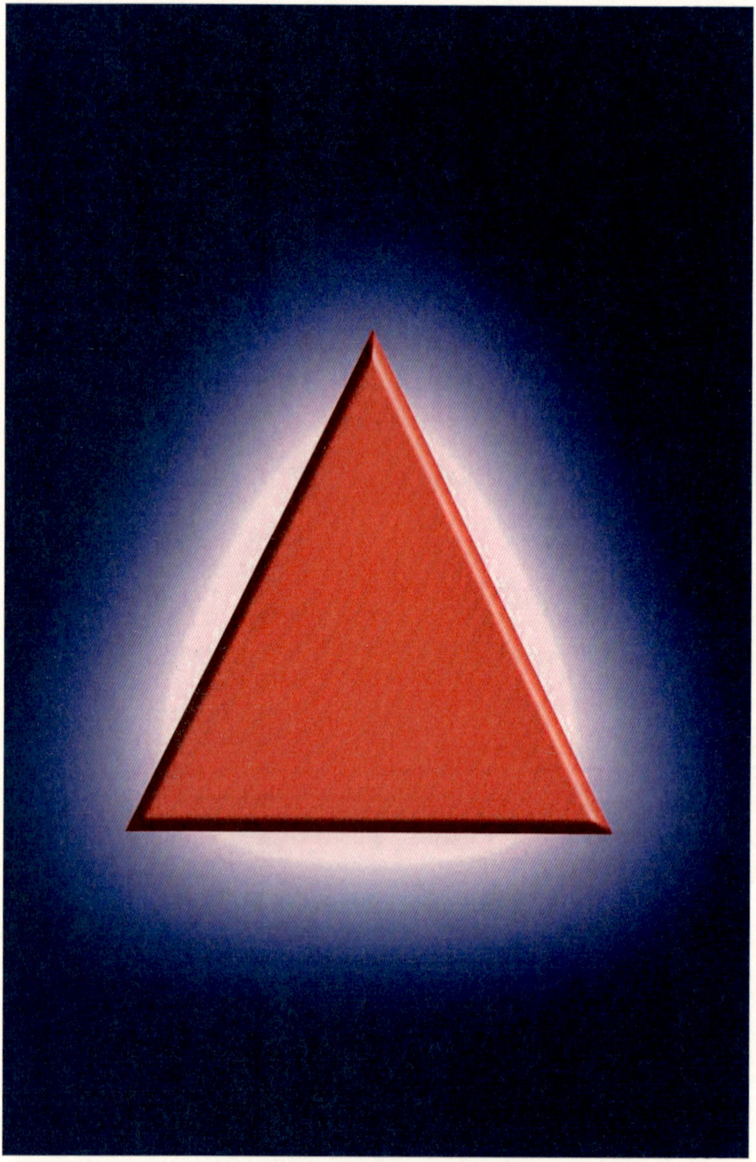

Und Gott sprach: Es werde Licht!
Und es ward Licht!

Und Gott sah das Licht, dass es gut war
und Gott schied das Licht von der Finsternis.
Und Gott nannte das Licht Tag,
und die Finsternis nannte er Nacht.
Und es ward Abend und es ward Morgen:
erster Tag.

Und Gott sprach: Es werde eine Ausdehnung inmitten der Wasser, und sie scheide die Wasser von den Wassern!

Und Gott machte die Ausdehnung und schied die Wasser, welche unterhalb der Ausdehnung, von den Wassern, die oberhalb der Ausdehnung sind. Und es ward also. Und Gott nannte die Ausdehnung Himmel. Da es ward Abend und es ward Morgen: zweiter Tag.

Und Gott sprach: Es sammeln sich die Wasser unterhalb des Himmels an einen Ort, und es werde sichtbar das Trockene. Und es ward also.

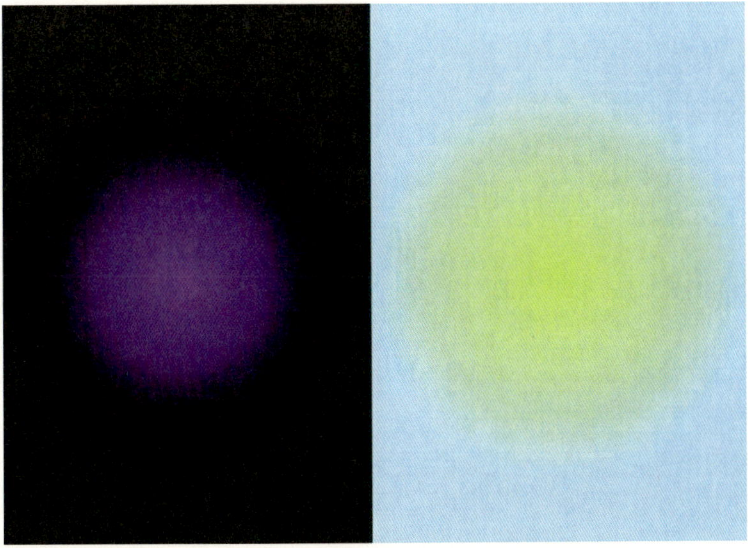

Und Gott sprach:
Es werden Lichter an der Ausdehnung des Himmels,
um den Tag von der Nacht zu scheiden,
und sie seien zu Zeichen und zur Bestimmung
von Zeiten und Tagen und Jahren;
und sie seien zu Lichtern an der Ausdehnung des Himmels,
um auf die Erde zu leuchten!
Und es ward also.

Und Gott machte die zwei großen Lichter:
das große Licht zur Beherrschung des Tages,
und das kleine Licht zur Beherrschung der Nacht,
und die Sterne.
Und Gott setzte sie an die Ausdehnung des Himmels,
um auf die Erde zu leuchten,
und um zu herrschen am Tage und in der Nacht
und das Licht von der Finsternis zu scheiden.
Und Gott sah, dass es gut war.
Und es ward Abend und es ward Morgen:
Vierter Tag.

Ohne eine eingehende Untersuchung dieser Verse aus der Genesis und ohne Vergleiche mit anderen Schöpfungsmythen, wäre es töricht, zu viel erklären zu wollen. Aber eines ist klar, nämlich eine Erklärung dafür, wie die Ordnung aus dem Chaos entsteht, indem sie Grenzen durch die Teilung auferlegt. Gleichzeitig erkennen wir in dieser Begründung die wichtigsten Unterteilungen in der Astrologie, sowohl die himmlischen wie auch die geografischen: Wie oben, so unten. Durch diese Erzählung können wir allmählich erkennen, was ein sehr ausgeklügeltes und anmutiges System von Korrespondenzen werden wird. Aber es ist ganz wichtig, dass jeder von uns diese alten Philosophien und die Begründungen, wie und warum Astrologie funktioniert, würdigt und sich diesen zuwendet. Wir müssen zurückschauen, um vorwärts zu kommen.

So beginnen wir mit der uranfänglichen Teilung von Tag und Nacht, Licht und Dunkel – aus einem Ursprung:

Darin enthalten sehen wir die Aufteilung in männlich und weiblich, und zwar immer noch von dem einen Ursprung. Das aktive Prinzip wird mit dem Tag und das empfängliche Prinzip wird mit der Nacht assoziiert. Und so gelangen wir zu den beiden ursprünglichen Unterteilungen der Astrologie.

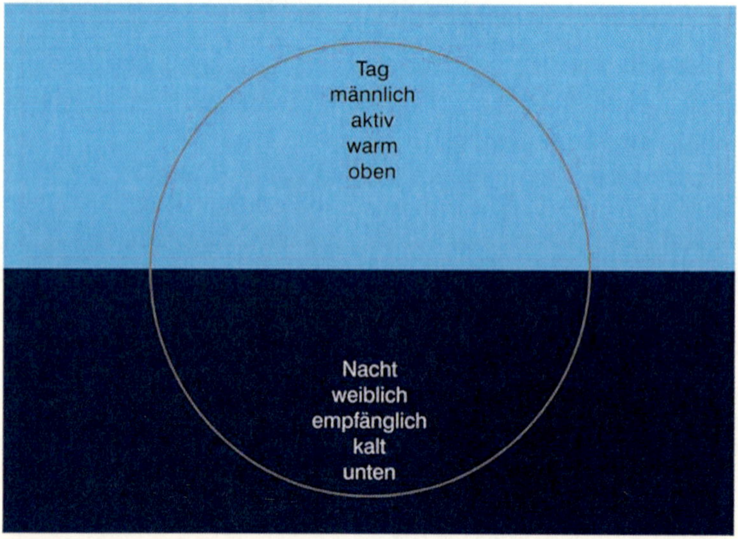

Andere Versionen des Schöpfungsberichts machen das Bild unklar, aber was wir sehen können ist, dass das Eine in Zwei geteilt wird. Diese Teilung korrespondiert zwar mit der Zeit (Tag und Nacht), hat aber auch einen räumlichen Bezug (oben und unten), und von daher finden wir die Richtung und den Ort.

Sodann müssen wir die Zwei in die Vier teilen und dabei auch den anderen beiden Qualitäten Feuchtigkeit und Trockenheit einen Platz zuweisen.

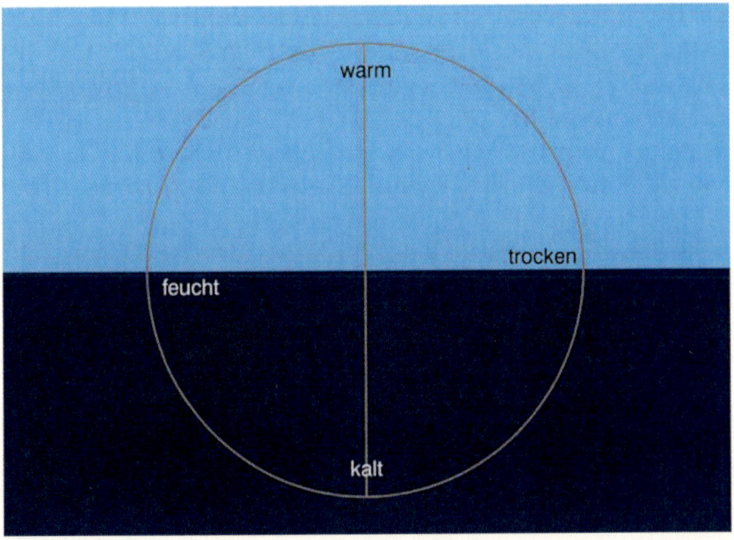

Aus den räumlichen Quadranten können wir weitere Entsprechungen ableiten.

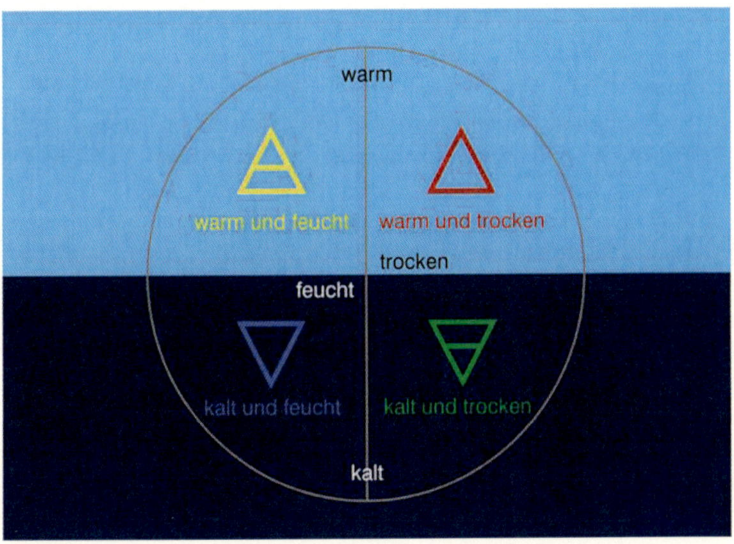

Aus diesem Bild ist leicht zu ersehen, wie sich weitere Untergliederungen und Ableitungen in geordneter Weise zustandebringen lassen. In diesem Bild sehen wir eine sphärische Darstellung der vorherigen Abbildungen. Die Quadranten haben die oben erwähnten Qualitäten oder Beschaffenheiten. Diese vier Zustände korrespondieren mit den vier Elementen, sind aber nicht mit diesen identisch. Sie stimmen mehr oder weniger mit den vier Körpersäften oder Humores überein, einem anderen sehr wichtigen Grundprinzip, woran wir ersehen können, dass sich diese Einteilungen noch sehr viel umfassender anwenden lassen und dennoch ihre Eigenständigkeit bewahren.

Kommen wir wieder auf die Anfänge der Fruchtbarkeit zurück, wie es in Genesis 1, Vers 11 zum Ausdruck kommt: *„Und Gott sprach: Die Erde lasse Gras hervorsprossen, Kraut, das Samen hervorbringe, Fruchtbäume, die Frucht tragen nach ihrer Art, in welcher ihr Same sei auf der Erde! Und es ward also."*

Im nachfolgenden Vers sehen wir, wie dies in die Tat umgesetzt wird, denn nun waren die erforderlichen Bedingungen für Wachstum geschaffen worden. Die Wachstumsbedingungen wurden eingesetzt und dann in Gang gebracht. Dies muss man hervorheben, denn es wird oftmals vergessen, dass für die Existenz des Lebens zuerst die Bedingungen für Fruchtbarkeit, nämlich Licht, Hitze, Feuchtigkeit und Trockenheit, in ausgeglichenen Anteilen vorhanden sein müssen. Diese Bibelverse vermitteln uns ein direktes Bild davon, was passiert, wenn die Elemente in einem ausgewogenen Verhältnis zusammenwirken. Jedes Element ist lebensnotwendig. Ein Zuviel des einen oder anderen, und das Leben geht zu Ende! So sprechen die Astrologen beispielsweise von der Fruchtbarkeit der Wasserzeichen, aber Wasser ist für sich allein so unfruchtbar, wie jedes andere Element auch. Der Schlüssel heißt: „ausgewogenes Gleichgewicht." Wir suchen Mäßigung und Selbstbeherrschung. Das Übermaß eines Elements beschränkt oder verleugnet die Fruchtbarkeit – Überfluss bedeutet Unfruchtbarkeit.

Dieses Prinzip ist die Essenz der Astrologie. Wir streben nach dem Gleichgewicht, um unsere Gesundheit auf jeder Ebene und aus jeder Perspektive aufrechtzuerhalten. Dies ist es auch, was wir suchen, um unser Leben - sei es körperlich, geistig, emotional oder auch spirituell - zu versorgen. Selbstbeherrschung ist fruchtbar, sprich gut. Ausschweifung ist unproduktiv, also schlecht. Auf die eine oder andere Weise ist es immer die Gesundheit, nach der wir in allen Lebensbereichen und in allen astrologischen Anwendungen suchen. Dasselbe Prinzip wirkt auch bei den Planeten. Wohltäter oder Übeltäter sind Qualitäten, die auf der Fähigkeit zu Fruchtbarkeit oder Unfruchtbarkeit eines Planeten basieren, also Mäßigung oder Ausschweifung. Es wurde schon oft betont, dass es falsch sei, den Planeten einen guten oder schädlichen Zustand zuzuordnen und vielleicht klingt das in heutigen Worten etwas barsch, aber wenn wir akzeptieren, dass die sterbliche Existenz gut ist - „und Gott sah, dass es gut war" - dann ist es nur ein kleiner Schritt, um auch zu akzeptieren, dass alles, was die sterbliche Existenz fördert, gut ist. Wir sollten uns nun also die Planeten näher ansehen.

gemäßigt	**übermäßig**
Großer Wohltäter: Jupiter - Heiß und feucht	Großer Übeltäter: Saturn - Kalt und trocken
Kleiner Wohltäter: Venus - Kalt und Feucht	Kleiner Übeltäter: Mars - Heiß und trocken
Herr des Himmels: Sonne - Heiß und trocken	
Herrin des Himmels: Mond - kalt und feucht	
allgemein Merkur kalt und trocken	

(Ob Merkur fruchtbar oder steril ist, hängt davon ab, welcher Planet ihm am nächsten steht.)

Dies ist die *Essenz,* die innere Natur, der Planeten. Wir hören immer wieder, dass Jupiter ein großer Planet ist mit einer Tendenz zu Exzessen. Aber als der große Wohltäter ist Jupiter der Inbegriff der Mäßigung und Selbstbeherrschung. Selbstverständlich ist er, wie jeder andere Planet auch, zu Ausschweifungen in der Lage, was aber nichts mit seinem Wesen zu tun hat, sondern von seiner Stellung und seinem Zustand abhängt.

Wichtig: Die Trockenheit wird in Zusammenhang mit den Übeltätern gesehen. Die Feuchtigkeit wird mit den Wohltätern verknüpft, denn Feuchtigkeit ist grundlegend und entscheidend für Fruchtbarkeit. Dies ist der Grund, warum diesen vier Planeten die Eigenschaft gut oder schlecht zugeordnet wird. Die Astrologie spiegelt die Natur wider, und hier haben wir ein gutes Beispiel dafür, was dies bedeutet und wie es funktioniert: Nichts wächst ohne Feuchtigkeit. In der Genesis lesen wir, dass es Gottes Wille ist, dass es Leben gibt: „Gott sah, dass es gut war." Aus dieser Perspektive gesehen gelten Fruchtbarkeit und Wachstum als gut, Sterilität und Konzentration sind schlecht. Anders ausgedrückt heißt dies, Fruchtbarkeit ist fortschrittlich und gesund, während Unfruchtbarkeit stockend und ungesund ist.

Abgesehen von der rein astrologischen Bedeutung dieses Zusammenhanges können wir darin sehen, wie die Menschheit an dem schöpferischen Prozess teilnimmt, der gemäß dieser Philosophie im Kern der sterblichen Existenz steht. Kreativität und Produktivität sind grundlegend für alles, was wir sind, und für alles, was das Leben ist – wie oben, so unten. Wir können diese Prinzipien herausgreifen und unmittelbar in einem Horoskop anwenden. Finden wir zum Beispiel die Übeltäter am Werk, dann können wir feststellen, dass wir hier eine dürftige Wirkung oder die Zerstörung von Ideen oder Möglichkeiten vorfinden werden. Wo Mars erhitzt, friert Saturn ein. Das Wesen der Planeten korrespondiert mit bestimmten Dingen und Zuständen, wie die folgende Tabelle zeigt.

Saturn	Tag, aktiv, männlich, kalt und trocken, Erde
Jupiter	Tag, aktiv, männlich, heiß und feucht, Luft
Mars	Nacht, aktiv, männlich, heiß und trocken, Feuer
Sonne	Tag, aktiv, männlich, heiß und trocken, (kein Element oder Saft)
Venus	Nacht, weiblich, empfänglich, kalt und feucht, phlegmatisch/sanguin
Merkur	Allgemein – kalt und trocken, gemischte Säfte
Mond	Nacht, weiblich, empfänglich, kalt und feucht, (kein Element oder Saft)

In dieser Systematik sind die Übeltäter in den ihrer Eigenheit entgegengesetzten Tageszeit angesiedelt: Saturn ist ein Tagplanet, um Wärme zu empfangen, Mars ist ein Nachtplanet, damit er abkühlen kann. Darin liegt ein wichtiges Grundprinzip, nämlich die Verbesserung des Grundzustands der Übeltäter und die Steigerung des Zustandes der Wohltäter. Die Himmelskörper werden hinsichtlich ihrer Veranlagung und ihrer Essenz zum Ausdruck gebracht und durch ihre Veranlagungen wird das System der Entsprechungen gefunden. Wenn wir anführen, ein Planet herrsche über eine bestimmte Angelegenheit, dann beziehen wir uns in Wirklichkeit auf den Part, den der jeweilige Planet im System der Entsprechungen spielt. Aus dem System der Korrespondenzen können wir ersehen, wie es dazu kommt, dass die Astrologie die Natur widerspiegeln kann, d.h. wir sehen, wie sie wirkt.

In Genesis 1,14 steht: *„Und Gott sprach: Es werden Lichter an der Ausdehnung des Himmels, um den Tag von der Nacht zu scheiden, und sie seien zu Zeichen und zur Bestimmung von Zeiten und Tagen und Jahren."*

Die hier erwähnten „Zeichen" meinen selbstverständlich Vorzeichen, Omen oder Prophezeiungen. Die Festzeiten, Tage und Jahre stehen für die zyklischen Abläufe des Universums und stehen in einem besonderen Bezug zur Sonne. Wir wissen, dass die Fixsternbilder und bestimmte Sterne in diesen Konstellationen zur Anzeige der Zeit verwendet wurden, so zum Beispiel der aufgehende Sirius, der die Überflutung des Nils ankündigte. Als die Ereignisse irgendwann nicht mehr mit dem siderischen Tierkreis übereinstimmten, wurde dieser durch den festen tropischen Tierkreis ersetzt, zu dessen Definition man sich ausschließlich nur noch auf die Sonne verließ. Der tropische Tierkreis ist ein acht Grad breiter Gürtel, der mit dem Lauf der Sonne bzw. der Ekliptik übereinstimmt.

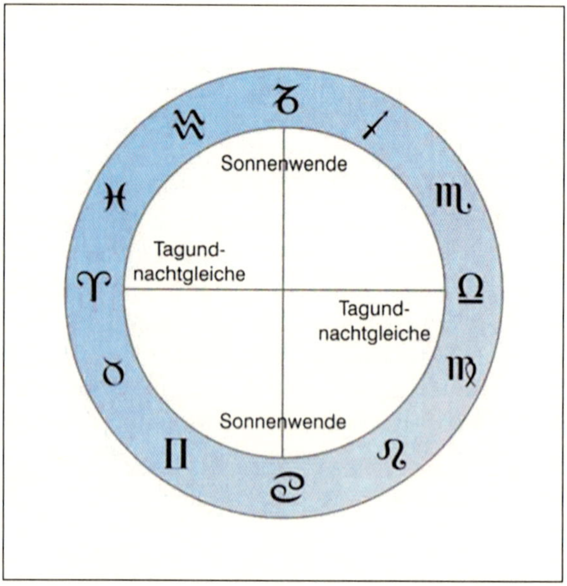

Abbildung 1: Sonnenbahn und Jahreszeiten

Abbildung 1 zeigt, dass der Tierkreis der jährlichen Zeit der Sonnenbewegung entspricht. Wir sehen hier die vier wichtigsten Wendemarken des Jahres, die den Beginn der Jahreszeiten bestimmen. Da sie Punkte der Veränderung und des Fortschritts sind, bezeichnen wir diese Zeichen als beweglich. Die ihnen nachfolgenden Zeichen sind dann anzutreffen, wenn die Jahreszeit gefestigt ist und wir das Wetter haben, das wir um diese Zeit erwarten. Wir können also eine gewisse Beständigkeit annehmen. In den auf die fixen Zeichen folgenden Zeichen finden wir eine Übergangszeit vor, denn teilweise gehört dieses Zeichen zur ablaufenden Saison und teilweise schon zu der kommenden Jahreszeit. Folglich ist es doppelter oder allgemeiner Natur.

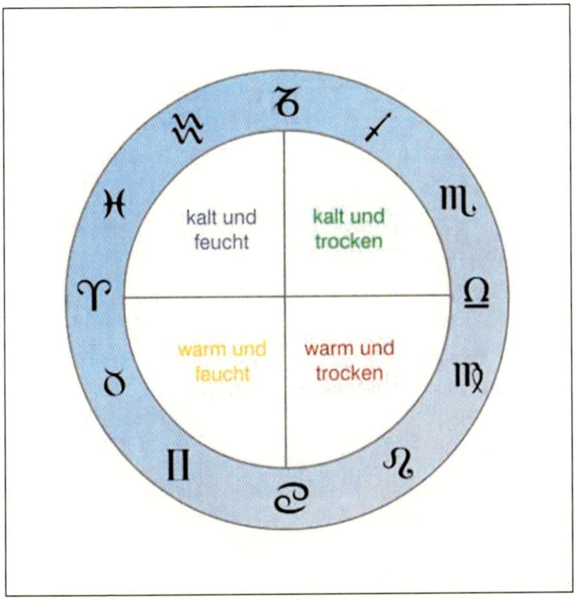

Abbildung 2: Die Jahreszeiten und die vier Urqualitäten

In Abbildung 2 werden diese Vorstellungen etwas deutlicher. Im tropischen Tierkreis und in der nördlichen Hemisphäre beginnen die Jahreszeiten mit der Tagundnachtgleiche und mit dem Frühling, zu dem die Zustände Hitze und Feuchtigkeit gehören, die beiden wichtigsten Qualitäten für Fruchtbarkeit. Steht die Sonne also im Widder, dann beginnt der Frühling und alles wächst. Während die Sonne sich weiterbewegt, verändern sich die Jahreszeiten und damit auch der Charakter der Jahreszeiten. Da es sich um eine Widerspiegelung des Kosmos handelt, wirkt dies in beide Richtungen, es verändern sich somit auch die Eigenschaften der Sonne. Selbstverständlich ist die Sonne nicht gemäßigt heiß und trocken, aber bei ihrem Lauf durch die Jahreszeiten verändert sich auch ihr Zustand. Im Frühling, also wenn die Sonne in den Zeichen Widder, Stier oder Zwillinge steht, ist ihr Zustand heiß und trocken. In den Sommerzeichen Krebs, Löwe und Jungfrau ist die Sonne erwartungsgemäß heiß und trocken.

Im Herbst ist sie kalt und trocken und im Winter ist sie kalt und feucht. Der Mond durchläuft übrigens ähnliche „saisonale" Veränderungen während einer Lunationsphase. All dies dient als Grundlage für das Temperament. Dieser Begriff hat eine gewisse Nähe zu dem Wort „Temperatur" oder zu dem englischen Wort „temper" (deutsch: *mäßigen*). Das Temperament verweist zurück auf die Humores[5]. Auf diese Weise hat jeder Geborene seine eigene Jahreszeitlichkeit, seine Temperatur oder sein Temperament - wie oben, so unten.

Auch die zwölf Tierkreiszeichen leiten ihre Qualitäten auf ähnliche Weise her wie die Planeten. Stier ist fix, weiblich, Erde und ein Nachtzeichen. Zwillinge ist veränderlich, männlich, Luft und ein Tagzeichen und so weiter. Aufgrund ihrer Entsprechung zu den Elementen und der Aufteilung des Himmels stimmen sie auch mit den Orten und Richtungen überein. Wenn wir davon sprechen, dass ein Planet in einem Zeichen steht, dann müssen wir diese grundlegenden und essenziellen Eigenschaften im Auge behalten und bestimmen. Der Tierkreis war und ist ein Kalender, denn er misst den Lauf der Sonne und die Sonne legt den Tag und die Nacht fest. Im Jahresrhythmus legt sie Anfang und Ende jeder Jahreszeit sowie des Jahres an sich fest. Auch wenn dies bestens bekannt sein dürfte und als selbstverständlich gilt, muss nochmals hervorgehoben werden, dass dieses astrologische System *exakt* das widerspiegelt, was wir über das Leben wissen. Alles, was von den Tierkreiszeichen beschrieben wird, gewährt die Sonne, alles, was von den Planeten bezeichnet wird, lässt diesen die Sonne zuteil werden. Dasselbe gilt selbstverständlich auch für die Häuser. Die Sonne ist für die Astrologie von zentraler Bedeutung, denn sie ist der Mittelpunkt des von uns wahrgenommenen Universums.

Die Kombination der Planeten mit dem Tierkreis kommt ebenfalls auf eine geordnete und natürliche Weise zustande. In jedem Zeichen herrscht ein Planet oder eines der Lichter.

---

[5] Ein Begriff aus der sogenannten Säftelehre, die den vier Elementen entsprechend vier Zustände kennt, nämlich Gelbe Galle (Feuer), Schleim (Wasser), Blut (Luft) und Schwarze Galle (Erde).

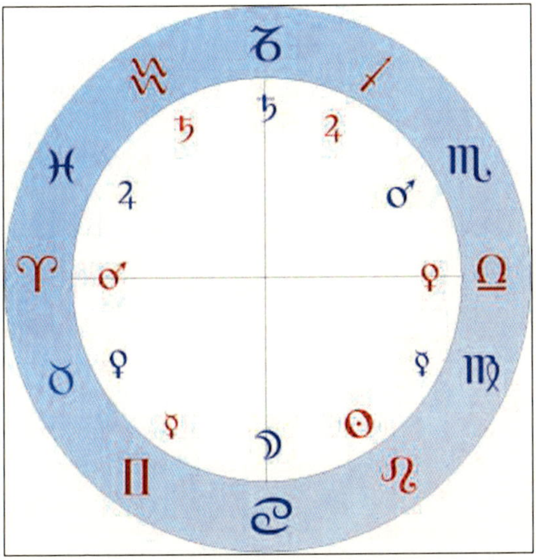

Abbildung 3: Die Herrscher der Zeichen

Ein Zeichen ist entweder dem Tag oder der Nacht zugeordnet, männlich oder weiblich, aktiv oder empfänglich und dies nimmt eine alternierende Ordnung an: aktiv (rot dargestellt) und rezeptiv (blau dargestellt). Abgesehen von Sonne und Mond herrscht jeder Planet in zwei Zeichen – je einem Tag- und einem Nachtzeichen. Hier stoßen wir nun auf einen Grundsatz, der in der jüngsten Vergangenheit sehr viel Verwirrung verursacht hat. Die Planeten *herrschen* zwar in den Zeichen, aber sie entsprechen ihnen nicht. Mit anderen Worten, *die Planeten wurden diesen Zeichen nicht zugeordnet, weil sie von Natur aus eine Ähnlichkeit hätten.*

Die Sonne herrscht im Löwen und der Mond herrscht im Krebs. Sie haben jeweils nur ein Zeichen, weil die Sonne nur am Tag scheint – wobei wir nicht vergessen dürfen, dass sie auch Tag und Nacht bestimmt. Ähnlich korrespondiert der Mond mit der Nacht und scheint als Vollmond nur bei Nacht. Gehen wir weiter, so finden wir links und rechts der beiden Lichter den Merkur, der in den Zwillingen und in der Jungfrau regiert. Venus regiert im Stier und in der Waage. Mars herrscht im Widder und im Skorpion, Jupiter regiert in den Fischen und im Schützen und Saturn herrscht im Steinbock und im Wassermann. Diese Herrscher korrespondieren mit den Entfernungen der Planeten von der Sonne, also der astronomischen Wirklichkeit. Wir sehen, dass Saturn, der von der Sonne am weitesten entfernte und somit kälteste und dunkelste Planet, seine zu Sonne und Mond diametral entgegengesetzte Position beibehält: Die Sonne ist die Gebieterin des Lichts und des Lebens und Saturn ist der Herr der Finsternis und des Todes.

Die Planeten behalten in dieser Abfolge auch eine positive Beziehung sowohl zur Sonne als auch zum Mond bei. Alle Herrscher in Nachtzeichen (blau gekennzeichnet) haben eine gute Beziehung zum nächtlichen Mond. Ganz ähnlich stehen alle Herrscher in Tagzeichen (rot gekennzeichnet) in einem guten Verhältnis zur Sonne. Diese sind auch als die solaren oder lunaren Sektionen bekannt[6]. Genau diese Symmetrie entspricht der Natur und es ist ein ausbalanciertes System. Dieses einfache Bild repräsentiert die gesamte Astrologie. Alles, was wir über Astrologie wissen, und alles, wofür sie verwendet wird, ist darin enthalten. Ihre Herleitung, wie hier erklärt, ist entscheidend für ein echtes Verständnis der Astrologie.

Jeder Planet und auch der Mond, empfängt sein Licht von der Sonne. Diese wiederum empfängt nichts, sie ist selbsterneuernd und sich selbst erhaltend - sie ist die Stellvertreterin des Schöpfers und somit der gesamten Schöpfung. Das Licht, welches ein jeder Planet aussendet, ist von der Sonne abhängig, und verkörpert folglich eine Facette der Schöpfung und ist somit ein Teil von dieser. Das Wesen des jeweiligen Planeten wird auf sein Licht übertragen. Das Prinzip der Übertragung von Licht ist von zentraler Bedeutung und bedarf von daher besonderer Berück-

---

6 Der Begriff „Sektionen" wurde im Deutschen erstmals von Robert Hand eingeführt. Siehe hierzu: Robert Hand. *Traditionelle Astrologie.* Tübingen 2008. Ebenso: Claudius Ptolemäus. *Tetrabiblos.* Mössingen 1995, Seite 34ff. In der klassischen Astrologie wird zwischen Tag- und Nachtplaneten unterschieden. Sonne, Jupiter und Saturn sind Tagplaneten. Mond, Venus und Mars sind Nachtplaneten. Merkur hat an beiden Eigenschaften teil. Andere Autoren verwenden auch den Begriff der „Sekte".

sichtigung, vor allem weil sich darin das Verhältnis von Sonne und Mond widerspiegelt und ebenso die Rolle, die sie dabei spielen. Es ist erwähnenswert, dass die Sonne in der überlieferten Terminologie die Gebieterin über das Leben ist, was aber kein altmodischer Standpunkt ist, denn auch die moderne Wissenschaft belegt dies heute. Licht entspricht dem Leben, und ohne Licht sterben wir alle.

Das astrologische Lehrgebäude ist ein Spiegelbild des Lebens auf der Erde und umgekehrt. Es ist eine Nachbildung der Schöpfung, aber durch seine Entsprechungen haben wir ein Mittel, um die Evolution der Schöpfung, sprich den göttlichen Willen, zu deuten. Die Planeten sagen uns, was geschehen wird, die Tierkreiszeichen sagen uns, wann es sich ereignen wird, und die astrologischen Häuser sagen uns, wo es sich zutragen wird. Dies habe ich in der Zukunft formuliert, es könnte jedoch ebenso in der Gegenwart oder in der Vergangenheit sein. Jedoch sagt uns die Genesis, dass *„die Lichter an der Ausdehnung des Himmels ... Zeichen seien"*, und so mögen wir fragen, was für Zeichen gemeint sind. Bleiben wir in der biblischen Terminologie, so könnten wir sie als Zeichen des göttlichen Willens betrachten. Wir könnten aber auch eine andere Formulierung vorziehen, und in diesem Sinne schauen wir auf ein Bild der Schöpfung und ihres Schöpfers.

Abbildung 4 zeigt eine Darstellung der Schöpfung, sie enthält alles. Das darin beschriebene System hängt vollkommen von der Sonne ab. Dies ist astrologisch real, so wie es stofflich real ist – wie oben, so unten. Die Sonne verkörpert den Schöpfer, sie korrespondiert mit dem Schöpfer. Indem sie in sich einen Mikrokosmos darstellt, ist sie zugleich eine Widerspiegelung des Makrokosmos.

Um das Leben bestehen zu können, müssen wir eine ausgeglichene Kombination der einzelnen Teile der Schöpfung finden. Jeder Mensch hat seine ureigene Kombination, die im Horoskop zum Ausdruck kommt. Nur wenige sind mit einer ganz und gar ausgeglichenen Kombination gesegnet, denn die meisten haben ein Ungleichgewicht: Unmäßigkeit, Unfruchtbarkeit, Unproduktivität.

Abbildung 4: Die Sonne – die Schöpfung

Die Astrologie macht es uns zur Aufgabe, das Gleichgewicht herzustellen und Maß zu halten. Und sobald wir dies erreicht haben, können wir Herren der Sterne sein oder, wie manchmal gesagt wird, „die Sterne bezwingen". In jedem von uns ist die Sonne. Wir können in unserem Horoskop sehen, dass wir ebenfalls durch die Entsprechungen Licht und Leben zuteil werden lassen können und somit auch Teil des schöpferischen Impulses sind. Wie oben, so unten. Es gibt verschiedene Zugänge zur Schöpfungsgeschichte, aber so wie wir es lesen, lesen wir in ihr die Astrologie.

Abbildung 5:
Der erste Tag. Ein Gemälde von Franciso de Holanda (1517 – 1585)

Nachdem wir eine sehr frühe Erklärung für die Schöpfung unseres Universums betrachtet und darin ein exaktes Abbild der Astrologie gefunden haben, wie wir sie heute kennen, können wir sagen, dass Gott nicht nur den Menschen nach seinem Ebenbild geschaffen hat, sondern auch die Astrologie. Diese hat wiederum Entsprechungen zur Natur, so wie sie jeder von uns auch hat. Und indem wir jene erkennen, wird die Anwendung astrologischer Techniken sehr viel erhellender. Die hermetische Regel des „Wie oben, so unten – Wie unten, so oben" bringt die Astrologie und ihre Wurzeln exakt zum Ausdruck. Indem wir über dieses Prinzip nachsinnen, können wir unser Verständnis von dem verbessern, was wir tun, wie wir es tun und vor allem, warum wir es tun. Sobald wir dies erreicht haben, können wir Fragestellungen entwerfen, die für die moderne Wissenschaft annehmbar sind, um die „Astrologie" zu beweisen. Allerdings nur, wenn die Wissenschaft beweisen kann, dass sie selbst die Quelle alles materiellen und spirituellen Wissens und der Wahrheit ist, denn warum sollte die Astrologie sonst einer solchen analytischen Zerlegung unterworfen werden? In den Händen von Ignoranten kann das Ergebnis nur eine noch größere Ignoranz sein.

Falls es einen kreativen Impuls gibt, an dem die Menschheit Anteil hat, dann müsste dies selbst in den alltäglichsten Ereignissen offensichtlich sein, und hierfür kann das Stundenhoroskop ein sehr gutes Beispiel abgeben. Es wurde schon oft die Frage aufgeworfen, wie solch ein Horoskop, das keine direkte Verbindung zum Fragesteller hat, überhaupt eine angemessene Information liefern kann, die ganz speziell mit diesem Fragenden zu tun hat. Wir können dazu Theorien und Hypothesen aufstellen, aber dies lässt sich zweifellos mit keiner intellektuellen Logik in Übereinstimmung bringen. Es gibt eine astrologische Folgerichtigkeit, die sich auf das Radixhoroskop bezieht. Auf einen bestimmten Tag und Zeitpunkt und für einen bestimmten Ort berechnet, bezieht sich das Horoskop zwangsläufig auf jeden und alles, was an diesem Datum und an diesem Ort geboren oder entstanden ist. Obwohl es viel seltener vorkommt, als man annimmt, gibt es eindeutige Ähnlichkeiten zwischen zwei Säuglingen - seien es echte Zwillinge oder astrologische. Unterschiede treten durch die genetische Abstammung auf, weil sie unterschiedliche Eltern haben, was man auch im Geburtshoroskop erkennen kann. Das Stundenhoroskop wird dagegen auf einen willkürlich gewählten Augenblick erstellt, dazu noch auf den Aufenthaltsort des Astrologen, was wenig oder gar keine Verbindung mit dem Fragenden bedeutet.

Folgen wir der oben gegebenen Erklärung, wie die Astrologie als Ganzes funktioniert, können wir nun ihren Mikrokosmos erklären: Die Stundenastrologie - ein Augenblick des Lebens. Hierbei ist die Rolle des Astrologen von zentraler Bedeutung, denn er erleichtert den schöpferischen Prozess. Wir sollten berücksichtigen, dass sich der Fragesteller zwar dieses kreativen Prozesses nicht bewusst sein dürfte. Er richtet aber seine ganze Aufmerksamkeit darauf, dass seine Frage oder sein Problem als Fragehoroskop gestellt wird. Dieser erste Anstoß erfordert weiteres Handeln, denn der Fragesteller muss einen kompetenten Stundenastrologen ausfindig machen und auf diesen zugehen. Diese Mühe wird in der Regel auch von finanziellen Ausgaben begleitet, das heißt, wir können dies als den aktiven Beitrag des Fragestellers zur Lösung der Frage begreifen. Der Fragende nimmt an der Handlung teil und stellt die Verbindung zum Astrologen her.

Guido Bonatti[7] berichtet, dass der Fragesteller erst zu Gott beten soll, bevor er auf einen Astrologen zugeht. Diese Art der Vorbereitung deute neben anderen Faktoren auf die heilige Grundstruktur dieses Vorganges hin. Nachdem der Fragesteller Führung durch das Gebet gesucht hat, übergibt er die daraus resultierende Frage an den Astrologen. Firmicus Maternus unterweist den Astrologen: *„Gib Dir Mühe, durch deinen Lebenswandel Dir den Ruf eines Priesters des Guten zu erwerben,"*[8] worin wir ebenfalls das heilige Gepräge der astrologischen Divination erkennen können. Das Wissen des Astrologen kommt zustande durch die nachdenkliche Betrachtung und das Studium göttlicher Substanz, die eine Verbindung zwischen dem Astrologen und dem Himmel bildet. So kommt es, dass der Astrologe im Namen des Fragestellers ein Gesuch beim Himmel einreichen kann. Hierin liegt die spezielle Verbindung des Fragenden über die Vermittlung des Astrologen zum Himmel. Dieser Moment, der von dem Astrologen ausgewählt wird, ist so bedeutsam wie ein Geburtshoroskop, was auch der Grund dafür ist, dass die Charakteristika des Fragestellers und anderer Personen von dem dadurch entstehenden Stundenhoroskop beschrieben werden.

Fragesteller und Astrologe sind zusammengekommen, die Frage wurde gestellt, und die Divination oder die stundenastro-

---

7 Guido Bonatti. (1207?-1296?), italienischer Astrologe, eines seiner Hauptwerke ist die *Anima Astrologiae*.

8 Firmicus Maternus. *Die Acht Bücher des Wissens*. Tübingen 2008, S. 83.

logische Beurteilung beginnt. Was jetzt folgt, stellt den Astrologen in den Mittelpunkt. Denn nun kommt der Augenblick, in dem das häufig erwähnte „Verstehen“ der Frage stattfindet. In astrologischen Abhandlungen wird viel Aufhebens darum gemacht, aber nur wenig begriffen. Ganz einfach ausgedrückt, muss sich der Astrologe lediglich klar darüber werden, was der Fragende als Endergebnis wünscht. Dies ist die Essenz der Frage. Dieses Verständnis wird letzten Endes durch intensives Nachdenken und Überlegen erlangt, was sich nach einer gewissen Zeit und Erfahrung schon fast als Reflexhandlung einstellt. Ein volles Verständnis kann sich sofort einstellen oder nach einer gewissen Bedenkzeit, aber es wird anhalten, nachdem das Stundenhoroskop erstellt wurde und bis die Deutung gegeben wurde.

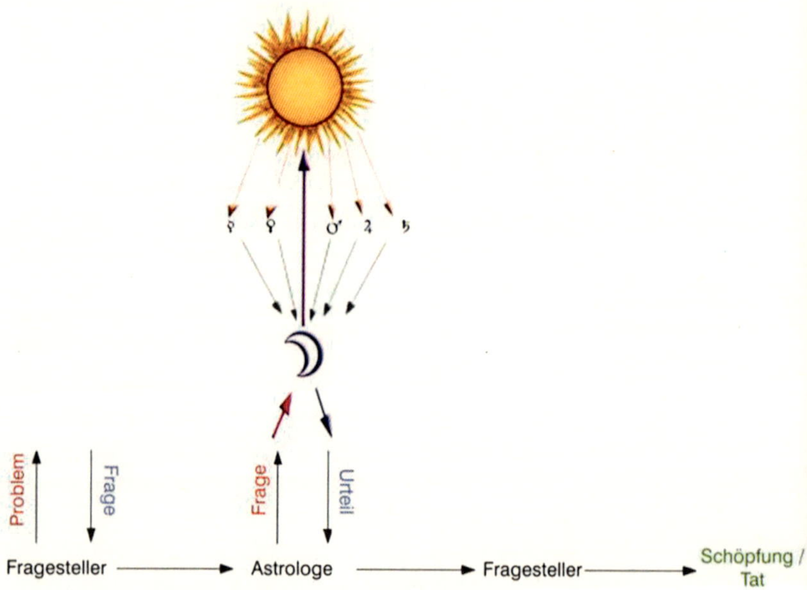

Abbildung 6: Das Verhältnis von Fragesteller und Astrologe

In Abbildung 6 werden diese Gedanken vereinfacht dargestellt, und der Vorgang der astrologischen Divination, sprich: das Verhältnis zwischen Himmel und Erde, wird illustriert. Zunächst sehen wir das aktive Prinzip des Gebets: Der Fragesteller sucht aktiv innere Führung. Diesem folgt das rezeptive Prinzip: Der Fragesteller empfängt diese Führung, und die Frage wird eindeutig formuliert. Nun wendet der Fragende sich an den Astrologen, wiederum wird aktiv die innere Führung gesucht, diesmal aber von dem Astrologen.

Wie schon oben erläutert, repräsentiert die Sonne den Schöpfer. Die Abbildung zeigt, wie der Astrologe vorgehen kann, was aber nicht auf direktem Wege geschehen darf, denn wir können auch nicht direkt in die Sonne schauen. Der Astrologe wird durch den Mond repräsentiert, auf den wir unseren Blick richten können, ohne Schaden zu nehmen. Diese bildliche Darstellung der Funktion des Mondes erklärt, warum er in der Astrologie eine so wichtige Rolle spielt und wie er zum Mit-Signifikator für den Fragesteller wird: Nämlich *weil* er der „natürliche" Signifikator der Frage ist. Ohne die Unterstützung des Mondes kann nichts gedeihen.

Die Rolle des Mondes kann mit der eines Modems verglichen werden, welches Daten zu einem Telefonsignal moduliert (mo) und demoduliert (dem). Eine Textseite wird in das Fax gesteckt und über die Telefonleitung verschickt. Das Papier kann auf diesem Wege nicht körperlich verschickt werden, und so wird sein Bild in eine für die Übertragung taugliche Form übersetzt. Ebenso wird die Antwort auf leicht lesbare Form empfangen: Man bekommt eine Seite Text. Wie auf der Abbildung ersichtlich, wird die Frage gestellt, und der Mond übersetzt oder übermittelt diese an den Herrn des Himmels. Die Sonne „antwortet" durch die Planeten, die wiederum Aspekte ihrer selbst sind, an den Mond und somit auch dem Astrologen.[9]

Dies wiederum bekräftigt unsere Auslegung von der besonders wichtigen Rolle, die der Mond in der Stundenastrologie, ja

[9] Aus diesem Grund wird auch der Ort des Astrologen und nicht der Ort des Fragestellers zur Berechnung benutzt.

überhaupt in der Astrologie übernimmt. Sein Handeln ist immer rezeptiv, was uns paradox erscheinen mag, aber nichtsdestotrotz ist dies eine akkurate Beschreibung. Das empfangende und das aktive Prinzip lassen sich auch als das Ein- und Ausatmen des Kosmos verstehen. Diese Vorstellungen vereinigen sich im Mond.

Der Astrologe fällt sein Urteil aufgrund einer empfangenen Information, nämlich einer Karte des Himmels, die an den Fragesteller weitergereicht wird. Nachdem dieser seine Unterweisung erhalten hat, wendet er sich unter Einhaltung der Divination neuen Taten zu, und indem er so handelt, wirkt er mit nach Maßgabe des schöpferischen Impulses. Anders zu handeln wäre Blasphemie.

Wie die Astrologie funktioniert, kann man also in der Unermesslichkeit der Schöpfung und in dem Quäntchen Zeit sehen, welches die stundenastrologische Frage einfängt. Die Abläufe und Aufgaben, das System und die Methode sind identisch, denn sie korrespondieren miteinander. Wir werden im zweiten Teil dieses Buches aufzeigen, dass ein falsches Naturverständnis, welches die Natur als vom Menschen abgespalten, entfremdet und nicht in ihm angesiedelt ansah, letztlich dazu führte, dass man versuchte, die Eigenheit der Natur zu verändern. Auf diese Weise wurde die Auflösung des Systems der Korrespondenzen in der Astrologie erleichtert. Die Astrologen tauchten kopfüber in den Abgrund der Intellektualität und des Rationalismus ein, eine Position, in der sich auch heute noch viele befinden.

Die Verbindung

Nachdem wir die Grundzüge der Astrologie und ihre Philosophie genauer angeschaut haben, wird klar, dass die Schöpfung der Bezugsrahmen ist. Wir sehen im astrologischen System einen Weg, um eine unveränderliche Schöpfung zu verstehen. Wenn sich die Schöpfung nicht verändert, dann kann sich auch die Astrologie nicht verwandeln, denn das eine spiegelt das andere wider. Indem wir einen Bezug zwischen Astrologie und Schöpfung herstellen, verweisen wir zugleich auch auf den Schöpfer. Folglich müssen wir auch anerkennen, dass die Astrologie heilig ist, und obwohl wir sie beschreiben können, ist sie dennoch nicht ausschließlich von der irdischen Welt.

Im nachfolgenden Teil werden wir sehen, wie die Astrologie einer Zerlegung unterzogen wurde, und wie bei Kindern, die unbedingt ein Spielzeug auseinandernehmen müssen, war es unmöglich, den Zeiger zurückzudrehen, und folglich war die Astrologie kein effektives System mehr.

Den neu entstehenden Prinzipien des subjektiven Empirizismus folgend, fanden sich die Anhänger der Perspektiven des New Age vor zu viele Wahlmöglichkeiten gestellt. Um bei der gleichen Analogie zu bleiben, ähnlich Kindern in einer Schokoladenfabrik, waren sie berechtigt, ihre Individualität im Namen des freien Willens zu Hilfe zu rufen. Unglücklicherweise verwandelte sich das damalige Vertrauen schnell in Arroganz und - wie nicht anders zu erwarten - war das Ergebnis ein heikles, klebriges und schwer verdauliches Durcheinander. Die Astrologie wurde verweltlicht.

Die folgende Untersuchung prüft dies aus der Perspektive der verhältnismäßig neu entdeckten Planeten des Sonnensystems. Denn daran, wie diese adaptiert wurden, kann man die schnelle Zerstörung der Astrologie sehen, nämlich ihre Abtrennung von den hermetischen Wissenschaften und die Ablehnung ihrer Göttlichkeit.

Uranus, Neptun, Pluto und die Ursprünge ihrer Symbolik

Es ist der Zweck dieser Untersuchung, die Methoden zu ermitteln, mit denen man Uranus, Neptun und Pluto bewertet und in das astrologische Denkschema eingeordnet hat. Des Weiteren geht es darum herauszuarbeiten, ob jene anfänglichen Erkenntnisse anhand von Erfahrungen oder späteren Studien modifiziert oder verändert wurden. Es wird sich zeigen, dass die heute gebräuchliche Symbolik im Kern identisch ist mit den ersten versuchsweisen Deutungsschritten, und dass jene Symbolik weitgehendst einer Ideologie entstammen.

Der Spur einer symbolischen Herleitung zu folgen ist komplex und verzwickt. Man muss den verschiedenen Fäden Rechnung tragen, die durch kulturelle, philosophische und gesellschaftliche Umstände zusammenwachsen. In Bezug auf die sieben „traditionellen“ Planeten hatten die Forscher nur begrenzte und fragmentarische Quellen zur Hand, weil diese schon in der Antike zu suchen sind. Bei den transsaturnischen Planeten Uranus, Neptun und Pluto wurde die Forschung jedoch durch die erst kurz zuvor erfolgte Entdeckung und die Fülle an publizierten Materialien erleichtert.

Aufgrund des reichlich vorhandenen Materials zu den transsaturnischen Planeten sowie durch die Vielzahl an Astrologen, die diese Planeten einbezogen haben, liegt die Vermutung nahe, dass der Symbolismus dieser Planeten gesichert und festgelegt ist. Letzteres dürfte stimmen, denn die Mehrheit der Astrologen akzeptiert die symbolische Bedeutung dieser Planeten als im Wesentlichen genau definiert. Es gibt auch solche, die mit den äußeren Planeten nur eingeschränkt arbeiten, während andere diese überhaupt nicht verwenden. Diese beiden Gruppen wurden größer mit der steigenden Beliebtheit und Anwendung von astrologischen Methoden, die noch aus der Zeit stammen, bevor die Astrologie während der Aufklärung in Ungnade gefallen war. Zur Zeit der Entdeckung Plutos in den dreißiger Jahren gab es ähnliche Meinungsverschiedenheiten, obwohl wir kaum Literatur von denjenigen kennen, die sich *nicht* auf die Verwendung der neuen Planeten festlegten.

Die Entdeckungen

Wilhelm Herschel sichtete 1781 den Planeten, dem er den Namen „Georgium Sidus“[10] gab, und der auch als „Herschel“ oder „Herschels Planet“ bekannt wurde. Einem Vorschlag von Johann Elert Bode und John Couch Adams folgend, wurde der Name „Uranus“ dann erst im Jahr 1850 akzeptiert. Im Jahr 1846 gab Urbain Leverrier die Entdeckung Neptuns bekannt, aber Adams wurde zwischenzeitlich auch eine damit zusammenhängende Anerkennung zuteil. Clyde Tombaugh entdeckte Pluto 1930 am Lowell-Observatorium. Eine Zeit lang betitelten manche Astrologen diesen Faktor als Lowell-Pluto, um ihn von einem hypothetischen Pluto (Wemyss-Pluto) zu unterscheiden[11]. Lediglich Uranus kann man noch schwach mit bloßem Auge erkennen.

Die Namensgebung für die Neuentdeckungen

Uranus und Neptun wurden in Übereinstimmung mit der Tradition der Namensgebung nach Göttern des griechischen Pantheons benannt. Uranus oder Ouranos war der griechische Gott

---

[10] Er benannte ihn nach seinem Gönner König Georg III. Andere wie z.B. John Worsdale nannten ihn den georgischen Planeten.

[11] Maurice Wemyss war ein Astrologe (1892 - 1973), der mehrere hypothetische Planeten postulierte. Mehr dazu weiter unten.

des Himmels und der Vater von Kronos. Neptun war in der römischen Götterwelt ein weniger bedeutsamer Gott, der sich die Legende von Poseidon, dem Sohn des Kronos, einverleibte. Pluto dagegen wurde erst im Anschluss an eine Reihe von Namensvorschlägen getauft, darunter auch „Constanze" nach Percy Lowells Frau oder „Vulcan." Der letztlich gewählte Name kam von einem elfjährigen Mädchen aus Oxfordshire, und man sagt, dass Pluto ihre Lieblingsfigur von Walt Disney war.

Die Tatsache, dass dieser Namen von Astronomen zunächst ohne den geringsten Bezug zur astrologischen Symbolik ausgewählt wurden, schreckte die Astrologen nicht ab. Nachdem sie alle Einwendungen zum Wohle der Synchronizität abgestreift hatten, gingen sie auf der Suche nach Symbolen dazu über, sich auf die mit diesen Göttern assoziierten Mythen zu stürzen. Schon kurz nach dessen Entdeckung widersetzten sich einige seiner Namensgebung:

> *„Unglücklicherweise haben die Astronomen ihm den unpassenden Namen Pluto gegeben, ein Name, der schon für ein anderes, hypothetisches Objekt, das im Krebs herrscht, vergeben war. Um Verwechslungen zu vermeiden ist es in Astrologenkreisen angebracht, bei der Benennung zwischen dem hypothetischen Faktor Wemyss-Pluto und den von Lowell entdeckten Planeten Lowell-Pluto zu unterscheiden".*[12]

Quellen

Einiges von dem zu diesen Planeten veröffentlichten Material werden wir untersuchen und vergleichen unter Berücksichtigung der Symbolik, die gegenwärtig von den Astrologen akzeptiert wird. Dies dient dem Zweck, Gleichartigkeiten in den einstigen Ansätzen festzustellen oder aber, um Übereinstimmungen zwischen den Erkenntnissen der damaligen Astrologen und je-

---

[12] Alan Leo. *The Art of Synthesis.* 5. Auflage. London 1936. In der deutschen Ausgabe aus dem Jahr 1930 ist diese Passage noch nicht enthalten.

nen der jüngeren Vergangenheit zu erkennen. Auf diese Weise können wir uns der Auswirkung dieser frühen Beobachtungen zum „Einfluss" der Transsaturnier auf das aktuelle Denken annähern und alle Veränderungen späterer Beobachter feststellen.

Es würde sich zwar sicher als wertvoll erweisen, die privaten Aufzeichnungen der damals publizierenden Astrologen zu untersuchen, um festzustellen, wie diese zu ihren Ansichten gelangten. Aber es waren vor allem deren veröffentlichte Arbeiten, die einen starken Eindruck in der astrologischen Gemeinde hinterließen, besonders bei deren Schülern, die ihre Ideen weitertrugen und vermittelten. Es ist nicht anzunehmen, dass alle Astrologen mit jenen veröffentlichten Beschreibungen übereinstimmten, diese Darstellungen aber wirkten auf die Leser und beeinflussten ihre spätere Praxis.

Die dazu herangezogenen Quellen sind vorwiegend kurz nach der Entdeckung der neuen Faktoren verfasst worden, ganz besonders das Material, welches nach der Entdeckung des Uranus erschienen ist. Da es sich bei Uranus um den ersten Auftritt eines neuen Mitgliedes des Sonnensystems handelte, vermittelt uns dies einen Einblick, wie dieses Ereignis bei den astrologischen Autoren einschlug. Da die bisher vorhandene astrologische Symbolik der Planeten über Jahrtausende entwickelt worden war, wurden die Astrologen des 18. Jahrhunderts mit dem Problem konfrontiert, ein leeres Blatt beschreiben zu müssen.

Wir werden die Schriften der Autoren des späten 19. und des frühen 20. Jahrhunderts untersuchen, um die Entwicklung der ersten Standpunkte zu den Erfahrungen mit Uranus ein Jahrhundert nach dessen Entdeckung festzuhalten. Diese Autoren übten einen starken Einfluss bis in die Mitte des 20. Jahrhunderts aus und werden deswegen hervorgehoben, weil es in dieser Periode zu einer Wiederbelebung der Astrologie kam. Eine wachsende Zahl an Studenten fühlte sich zur Astrologie hingezogen, und astrologische Lehrbücher vermehrten sich stark. Wir werden sehen, dass die astrologische Bedeutung von Uranus und Neptun sich in dieser Zeit etablierte. Man rechnete mit der Möglichkeit, dass noch weitere Planeten entdeckt werden könnten. Dieses Material wird dann auch die Methode veranschaulichen, die später bei Pluto angewendet wurde.

Unter den modernen Quellen finden sich auch Werke, die einige größere Astrologieschulen ihren Studenten empfehlen. Diese wurden nicht herangezogen, aber nicht weil die von ihnen unterstützte Symbolik allgemein anerkannt ist, sondern wegen der großen Zahl an Studenten, die durch diese Schulen damit in Berührung kamen. Diese Studenten werden zwangsläufig und verständlicherweise weniger Einwände gegen das allgemein akzeptierte Lehrgebäude vorbringen, einfach weil es ihnen an Vergleichsmöglichkeiten mit dem fehlt, was ihnen als Unterrichtsstoff geboten wurde. Daraus lässt sich folgern, dass die in diesen Werken gelehrten symbolischen Inhalte einen weitreichenden Einfluss auf die astrologische Praxis hatten und auch weiterhin haben werden.

Es wird auch auf einige Almanache und Zeitschriften Bezug genommen, die weniger formale Diskussionen und Ansichten enthalten. Aufgrund ihrer Periodizität sind sie auch ein gutes Indiz dafür, wie sich Meinungen ändern – wenigstens die gedruckte Meinung.

Die CHRISTLICHE ASTROLOGIE[13] von William Lilly (1602-1681) wird als Leitfaden für die Astrologie des ausgehenden 17. Jahrhunderts benutzt, und zwar deswegen, weil dieses Buch einen inneren Wert als astrologisches Textbuch hat, was seit seinem Erscheinen immer wieder anerkannt wurde. Worsdale schreibt: *„Die Arbeiten von John Partridge und William Lilly sind von größerer Bedeutung als alles andere, was in diesem Königreich je geschrieben wurde“*. Wohingegen er Gadbury, Coley und Sibley heftig als „Piraten“ oder „Schwindler“ kritisierte, was durchblicken lässt, dass er seine Kritik nicht nur auf die Astrologie des 17. Jahrhunderts einschränkte. Die späteren Autoren beziehen sich in ihrer Bibliografie oder bei ihren Quellenangaben oftmals auf Lilly.[14]

---

13 William Lilly. *Christliche Astrologie.* Tübingen 2007 und 2008.

14 John Worsdale *Celestial Philosophy, or Genethliacal Astronomy*, London, 1828. Siehe auch Sepharial, (mit bürgerlichem Namen Walter Gorn Old), *The Manual of Astrology* (1828), der ebenfalls Lilly als Quelle angibt. Das *Astrologer's Magazine* Vol. 1., No.1. August 1890 druckte ein Stundenhoroskop von Lilly aus dessen Buch *Christliche Astrologie* ab.

Es gibt kaum schriftliche Belege von denjenigen, die sich der Eingliederung der neuen Planeten in ein bestehendes Schema verweigerten. Die Frage, ob man den Neuentdeckungen überhaupt eine astrologische Symbolik zusprechen sollte, lässt sich aus der verweigernden Haltung schließen, aber es gibt keinen nachweislichen Beleg dafür. Ihre Einwände vertrugen sich nicht mit den Tendenzen des Zeitgeistes, so dass es vermutlich schwierig war, einen Verleger zu finden. Es sollte noch erwähnt werden, dass die meisten Autoren damals Theosophen waren und dadurch den großen Vorteil hatten, mit ihren Veröffentlichungen im Verlag der Theosophischen Gesellschaft unterzukommen.

Der historische Kontext

Der Hintergrund, vor dem die Entdeckung der transsaturnischen Planeten stattfand, bestand aus weitreichenden politischen, sozialen, wissenschaftlichen und ökonomischen Umwälzungen und Verbesserungen. „Fortschritt" und „Wissenschaft" waren die Schlagworte jener Periode. Uranus wurde gegen Ende der Aufklärung (1650-1800) und während der Industriellen Revolution (1700-1950) entdeckt. Neptun wurde gesichtet, als Großbritannien auf dem Höhepunkt seiner Macht und seines Einflusses stand und in einer Zeit, in der Reisen und Kommunikation einem radikalen Wandel unterzogen wurden. Plutos Entdeckung fiel mit der Weltwirtschaftskrise zusammen, welche 1929 einsetzte, als das in die Höhe schnellende Vertrauen und die Selbstsicherheit der industrialisierten Staaten an der Wall Street zusammenbrach. Die Stimmung der Zeit hinterließ bei den Astrologen einen tiefen Eindruck, und aus diesen Geschehnissen, Erfindungen und Errungenschaften wurde zum Teil die Symbolik der transsaturnischen Planeten gezogen.

Nachdem die Astrologie während der Aufklärung in Ungnade gefallen war, war der gebildete Mensch nicht mehr länger geneigt, diese als ein seriöses Studium zu betrachten. Die Astrologie geriet weniger in die Kritik der Kirche und wurde von dieser seltener einer genauen Prüfung unterzogen - ein Hinweis auf den schwindenden Einfluss der Astrologie. Immer weniger hochrangige Personen verließen sich auf ihren Beistand, und der Spott, mit dem sie überschüttet wurde, ließ ihre Totenglocke erschallen. Astrologische Literatur ging nach 1700 stark zurück, ebenso die astrologischen Inhalte in den populären Almanachen.[15] Das Ende des 17. Jahrhunderts markiert den Beginn des Niedergangs der Astrologie. Sie hatte ihre intellektuelle Lebendigkeit und Ehrbarkeit verloren. Früher erlangte der Astrologe Ansehen und Status, indem er Almanache herausgab, die zugleich eine effektive Plattform für Reklame darstellten. In den ersten Jahren des 18. Jahrhunderts verschwanden die astrologischen Inhalte mit dem Tod der bekannten Astrologen, deren Werk nicht mehr fortgeführt wurde.[16] Mit dem Statusverlust in der wissenschaftlichen Gemeinschaft gegen Ende des 17. Jahrhunderts wuchs das Bedürfnis, die Astrologie zu reformieren, um die Anerkennung wieder zurückzugewinnen, und um sich an das neue wissenschaftliche Modell anzupassen. Angesichts des Hohns von Seiten des Establishments und der wissenschaftlichen Fortschritte versuchten die Astrologen, das Interesse an ihrem Fach wiederzubeleben und den Respekt für diese wieder neu zu erwecken.

Im 17. Jahrhundert betrachteten die Astrologen sich selbst als Künstler, was sich auch in den Titeln ihrer Bücher widerspiegelt: *Christliche Astrologie – Mikropanastron: Oder ein Astrologisches Vademecum – Kurze Einführung in die Kunst der Astrologie; Schlüssel zur Kunst der Astrologie.*[17] Sibly wählt im 19. Jahrhundert einen allgemeineren und vielleicht gefahrloseren Weg, denn er betitelt sein Buch: *Eine neue und vollständige Darstellung der himmlischen*

---

15 Keith Thomas, *Religion and the Decline of Magic*, Middlesex, 1971, S. 424. - Bernard Capp, *Astrology & the Popular Press: English Almanacks 1500 – 1800*. London 1979.

16 Bernard Capp. *Astrology and the Popular Press: English almanacks 1500 – 1800*. London 1979, S. 238.

17 Buchtitel von William Lilly, Henry Coley und John Partridge.

Wissenschaft der Astrologie – oder die Kunst der Vorhersage zukünftiger Ereignisse und Möglichkeiten,[18] und er macht die Astrologie unter dem Begriff „Uranology"[19] schmackhaft. Auch Worsdale behandelt beide Perspektiven als *himmlische Philosophie oder genethliakische Astronomie,* und er sieht sich selbst mehr als Astronom, denn als Astrologen. Aber es waren nicht nur die Buchtitel, die sich veränderten, sondern auch die Inhalte der Bücher, denn sie spiegelten die progressiven Tendenzen der Zeit wider.

Der zunehmende Rationalismus in der Astrologie

Mit den Reformen kam die Verzettelung und die Degeneration des traditionellen Wissensgebäudes. Das astrologische System und seine Symbolik veränderten sich, um sich der wissenschaftlichen Rationalität der Zeit anzupassen, welche auf der Hinterfragung der Prinzipien und Theorien der Vorgänger beharrte. Nichts konnte mehr als erwiesen oder über den neuen Gesetzen der Forschung stehend angesehen werden. Die Astrologen nahmen sich dies zu Herzen und hinterfragten Prinzipien und Theorien, die über Jahrhunderte unverrückbar waren. Jedoch schienen sie die Exaktheit, welche die Wissenschaftler sich in ihren Untersuchungen auferlegten, nicht zu verstehen, und erst recht nicht anwenden zu können. Jedes Prinzip, das den Test der „Vernunft" nicht bestand, wurde abgelehnt. So wurden zum Beispiel die essenziellen Würden der Grenzen und Gesichter laut Raphael (R. C. Smith 1795-1832) nur entwickelt, um damals den noch nicht gefundenen Planeten Rechnung zu tragen: *„Da immer wieder Effekte erkannt wurden, deren Ursache den alten Astrologen unbekannt waren, führte dies häufig dazu, dass die Auswirkungen teilweise trügerischen Ursachen zugeordnet wurden. Daraus folgt, dass wir die Theorie der „Grenzen" und „Phasen" aus heutiger Sicht ableh-*

---

18 Ebenezer Sibly, *A new and Complete Illustration of the Celestial Science of Astrology.* London, 1823.

19 Sibly, S. 53.

nen." Ebenso verfährt er mit den beiden Triplizitätsherrschern und den Tag- oder Nachtherrschern der Planeten, denn sie seien *„das Relikt eines antiken Aberglaubens"*, überflüssig und unwahr.[20] Diese Ansicht treffen wir auch später wieder an:

> *„Zu dieser Zeit war die Kenntnis von Uranus, dem Planeten der Astrologie, gänzlich in Vergessenheit geraten, und in der Stundenastrologie verwandte man dafür Hilfspunkte. Die alten Überlieferungen waren entweder vergessen oder so verderbt, dass man die Astrologie nicht mehr als eine Wissenschaft, sondern nur noch als eine Wahrsagekunst bezeichnen konnte."*[21]

Im Widerspruch zu den neu entdeckten wissenschaftlichen Prinzipien wurde nie ein Beweis für dieses Ausschlussprinzip vorgelegt. Die Rechtfertigung lieferte das andere wissenschaftliche Prinzip, nämlich die „Erfahrung." Selbst dies wurde nie bewiesen, obwohl durch die Verwerfung der Tag- und Nachtherrscher (das Prinzip der Sektionen) der Weg für die Einbeziehung der neuen Planeten in das Schema geebnet war. Die vernünftige Erklärung, dass die fünf Planeten jeweils in zwei Zeichen herrschen, während Sonne und Mond nur die Herrschaft eines Zeichens innehaben, wurde in Frage gestellt. Man kam zu dem Schluss, dass ein Sonnensystem mit zehn Planeten und zwei Lichtern erforderlich sei. Die Lehre der solaren oder lunaren Sektionen (vgl. Fußnote 6) und das Prinzip der essenziellen Würden (beides wird weiter unten erklärt) gehören zu den Grundlagen des astrologischen Systems. Wurde die Astrologie erst einmal entwurzelt, konnte sie großzügig ausgelegt werden und somit den Betreiber und den „wissenschaftlichen" Zeitgeist zufriedenstellen. Auf diese Weise verlor das astrologische System seine Kraft und Zuverlässigkeit. Es traten zunehmend mehr Fehler auf, und die Vorhersagen wurden immer allgemeiner.

Genauigkeit und Zuverlässigkeit sind die Maximen der Wissenschaft, so dass dieser Mangel ebenfalls rational erklärt werden musste, und er wurde verschiedenen Gründen zugeschrieben. Man hielt keine dieser Ursachen für eine Widerspiegelung

---

[20] Raphael. *A Manual of Astrology*, London 1828, S. 134.

[21] Alan Leo. *Astrologie für alle*. Leipzig 1928, S. 2.

der neuen wissenschaftlichen Astrologie - es waren die alten Astrologen und ihre Systematik, die dies verursachten:

„Was unsere Vorväter an astronomischem Wissen vermissen ließen, wodurch viele ihrer Aussagen nur durch ein abergläubisches Auge betrachtet wurde, konnte in heutiger Zeit durch voranschreitendes wissenschaftliches Wissen mehr als ersetzt werden".[22]

Außerdem wurden diese Fehler einem unvollständigen Sonnensystem angerechnet:

„Wenn wir in Betracht ziehen, wie sehr dieser Planet Uranus die alten Astrologen vor ein Rätsel gestellt haben muss, und wenn wir zudem auch daran denken, dass es noch andere Planeten mit ähnlich starkem Einfluss jenseits seiner Umlaufbahn geben kann, die noch nicht entdeckt sind, dann kommen wir nicht umhin, die enorme Ignoranz und Narrheit jener Personen zu beobachten, die vom Astrologen das fordern, was sie von niemandem sonst erwarten: Unfehlbarkeit.[23]

Wir haben hier ein Beispiel dafür, wie es geht, wenn man mit einem unzuverlässigen System arbeitet und immer noch Korrektheit behauptet. Man kann einen Astrologen nicht für Planeten verantwortlich machen, die noch gar nicht entdeckt worden sind, aber nichtsdestotrotz die Quelle für Fehler in der astrologischen Deutung sind. Dieser Haltung begegnen wir erneut, wenn wir den Einfluss der theosophischen Astrologen Ende des 19. Jahrhunderts untersuchen. Sie schreiben, ein vollkommenes System führe zu einer Genauigkeit, die weit jenseits der Errungenschaften der Vergangenheit liegt, auch wenn sie dies selbst nicht zustande gebracht haben und dies in die Verantwortung zukünftiger Astrologen legen.

„Die Tatsache, dass es in unserem Sonnensystem Planeten gibt, die von der Wissenschaft noch nicht entdeckt worden sind, dürfte für den Astrologen von größter Bedeutung sein. Denn wie viele Fehler und zweifelhafte Punkte oder Fehler in der Theorie muss man wohl diesen drei geheimen Planeten zuschreiben, wenn man sie wiederentdecken

---

[22] Moreland Hickman, *The Astrologer's Magazine*, London, February 1891, Vol. 1 No. 7. S. 157.

[23] Raphael, *A Manual of Astrology*, London 1828, S. 72.

und überprüfen könnte, so wie wir dies bei Uranus festgestellt haben und so wie wir gegenwärtig den mysteriösen Neptun einer Prüfung unterziehen. Solange Planeten und mehr noch ihre esoterischen Kräfte verborgen bleiben, müssen wir klagend bekennen, dass wir uns nur an der Schwelle der wahren Astrologie entlang tasten, und dass wir noch nicht zu deren innerem Schrein vorgedrungen sind."[24]

Die Überzeugung, dass nur die Entdeckung von drei weiteren neuen Planeten notwendig ist, um die „astrologische Wahrheit" zu finden, ist nicht nur sehr vereinfachend, sondern sie entbindet die Astrologen jener Zeit von jeder Verpflichtung zur Genauigkeit. Es ist deutlich sichtbar, dass diese Haltung auch nach der Entdeckung von Neptun und Pluto fortbesteht. Weit davon entfernt, die Probleme der Unzuverlässigkeit der Aussagen zu lösen, warfen diese Entdeckungen vielmehr sogar weitere Fragen auf, die unter Bezugnahme auf die Eigenart jener Planeten selbst beantwortet wurden: Es war unmöglich, diese Planeten vollkommen zu verstehen, denn ihr Wesen war voll von Rätseln und Unvorhersagbarkeit.

Die vielen Entdeckungen von Himmelskörpern und die von angesehenen Astronomen zur Debatte gestellten Vorschläge für hypothetische Planeten gaben ihnen Munition, mit der sie die Rationalisierung der Astrologie verfochten. Zu keinem Zeitpunkt wurde je die Frage aufgeworfen, dass das *neue System* an sich fehlerhaft sein könnte, oder dass das Mysterium und die Unberechenbarkeit der neuen Planeten einfach dadurch verursacht wurde, dass es diesen an Einfluss mangelte.

Gleichzeitig schritt die Säkularisierung der Astrologie voran, und ihre Philosophie geriet in Vergessenheit, so dass es zunehmend schwierig wurde, bestimmte Prinzipien überhaupt noch zu verstehen, welche nach und nach über Bord geworfen wurden, um durch persönliche Meinungen oder die neuen Planeten ersetzt zu werden.

Ganz unabhängig hiervon starb mit den führenden Persönlichkeiten der Astrologie wie Lilly, Partridge oder Booker auch

---

[24] Alan Leo, in: *Modern Astrology,* May 1892, No. 22, Vol. 2 No. 10. London.

die entsprechende mündliche Überlieferung. Studenten der Astrologie waren mehr als je zuvor ausschließlich auf die geschriebenen Werke der Meister angewiesen. Ohne jemanden, der erklären oder lenken konnte, waren die Studenten weitgehendst auf ihre eigenen Einfälle angewiesen. Die etwas erfahreneren unter ihnen, die auch publizierten, machten deutlich, dass man durchaus auf sein eigenes Verständnis ohne Bezugnahme auf andere vertrauen konnte:

„... ließ Ptolemäus einmal fallen und entwickelte etwas Originalität. Weniger von Ptolemäus wäre akzeptabel gewesen, denn Ptolemäus ist verbraucht,“[25]

„Originalität“ wurde zur Grundvoraussetzung für gute Astrologie, man bezog sich nicht mehr auf die Vergangenheit und deren Autoritäten. Lediglich persönliches Verstehen und Erfahrung sowie Intuition waren in dem neuen System von Wert.

Die Theosophische Gesellschaft und das New Age

Es ist schwierig abzuschätzen, welchen Einfluss die Ideale und Anschauungen des New Age auf die astrologische Symbolik und Praxis tatsächlich ausübten. Die zusätzliche Mischung aus östlichem und westlichem Mystizismus und Esoterik hat sich untilgbar in das moderne astrologische Denken eingeprägt. Als dann noch das psychologische Denkmodell in die Astrologie hereingenommen wurde, war die Astrologie nahezu nicht wiederzuerkennen, wenn man sie mit ihrer früheren Systematik sowie den dazugehörigen Methoden und Techniken verglich.

Die Verantwortung für die Ursprünge des New Age wird allgemein Madame H. P. Blavatsky (1831-1891) zugesprochen.[26] Sie

---

[25] George Wilde in *The Astrologer's Magazine*, London, October 1890, Vol. 1. No.3.

[26] Nicholas Campion, *Astrology, History and Apocalypse.* London 2000, S. 73f.

war eines der Gründungsmitglieder der Theosophischen Gesellschaft im Jahr 1875. Deren Einfluss breitete sich über die ganze Welt aus und zu ihren Mitgliedern zählten unter anderem so bedeutende Astrologen wie Alan Leo, Vivian Robson, Marc Edmund Jones, H.S. Green, Edward Lyndoe oder Charles Carter. Leo war der produktivste Autor, und aufgrund der guten Dienste seines eigenen Verlages veröffentlichte er viele Bücher zur Astrologie. Aus diesem Grund ist er für unsere Diskussion hier wichtig.

Was Alan Leo in die Wege leitete, führten seine Anhänger nach seinem Tod im Jahr 1917 fort, indem sie korrigierte Auflagen seiner Bücher weiterhin unter seinem Namen veröffentlichten. Er und seine Frau Bessie waren enthusiastische Aktivisten. Ihre Anstrengungen für die Wiederbelebung des Interesses an der Astrologie waren sehr bedeutend. Nur wenige Astrologen können von sich behaupten, einen so weitreichenden Einfluss zu haben wie Alan Leo, wobei dieser Einfluss eine starke Affinität zur Theosophie hatte, wovon die von ihm verfassten Werke zeugen. Wir sehen also, dass die Ideale von Madame Blavatsky mit dem deutlich älteren System der Astrologie vermischt wurden, denn zu jener Zeit waren die Prinzipien der Astrologie erheblich anpassungsfähiger.

Die Astrologie von William Lilly, ebenso wie die seiner Zeitgenossen und Nachfolger, stand in der Tradition der westlichen Prophezeiungen. Trotz der reformerischen Begeisterung des ausgehenden 17. Jahrhunderts, blieb das meiste der Tradition erhalten. Die Leistung der Theosophen bestand darin, etwas östlichen Mystizismus und religiöse Prinzipien, etwas Spiritismus und etwas Freimaurerei beizumengen. Das alles zusammen erzeugte eine Ideologie, die unter anderem Reinkarnation (die Idee der wiederholten Erdenleben) und Karma (die Korrektur von Fehlern während des letzten Lebens) mit einschloss.

Die Theosophie hielt auch an dem Begriff der Vervollkommnung der Menschheit fest, indem nämlich nachfolgende Generationen zunehmend erleuchtet würden (im theosophischen Sinne durch Karma und Wiedergeburt). Jene bezeichneten sie als „Fortgeschrittene“ und räumten ein, dass sich nur wenige „fortgeschrittene Seelen" in den ersten Jahren des 20. Jahrhunderts inkarniert hätten. Ganz ähnlich wurden die Planeten dazu benutzt, das Stadium des Fortschritts oder der spirituellen Evolution der Menschheit anzugeben:

> *„Mit besonderer Einsicht begabte Menschen versichern, sie [die Venus] sei bewohnt und ihre Menschen hätten eine hohe Entwicklungsstufe erreicht. Wir werden noch hören, dass jeder Planet eine physikalische Welt für den Weg der Entwicklung darstellt."*[27]

Es gibt drei „Klassen" von Menschen. Jede spricht auf astrologische Vorhersagen anhand des Horoskops anders an:

> *„Die niedrigste Klasse bezeichnen unentwickelte und unbeherrschte Seelen, die noch in einem jungen Entwicklungsstadium stehen, zur höchsten Klasse gehören die älteren und erfahreneren Seelen, die Selbstbeherrschung üben und in Denken und Handeln überlegend leben. Dazwischen liegt die bei weitem stärkste Klasse, zu der in unserem gegenwärtigen Entwicklungsstadium die Mehrzahl der Menschen gehört. Diese Seelen kann man weder „alt" noch „jung" nennen, sie befinden sich in einem kritischen Stadium, worin der Wille noch nicht die volle Herrschaft und Kraft besitzt, während er andererseits doch nicht völlig haltlos ist. Es besteht genügend Rezeptivität, um auf gewisse Schwingungen zu reagieren, auf andere nicht."*[28]

Es wurde allgemein üblich, verschiedenen menschlichen Gruppierungen in der einen oder anderen Klasse ihren Platz zuzuweisen. Es dürfte dabei nicht überraschen, dass man in der „untersten Klasse" die Kriminellen und sozial Schwächere ansiedelte. Wir werden später noch sehen, dass all diejenigen, die die theosophischen Lehre nicht verstanden oder dieser nicht zustimmten, vor allem insoweit es die Astrologie betraf, nicht zu den fortgeschrittenen Graden der Menschheit gerechnet wurden. Bezüglich der Reinkarnation gilt, *„wer diesen Gedanken als illusorisch oder*

---

[27] Alan Leo. *Astrologie für alle*. Leipzig 1928, S. 10 f.

[28] Alan Leo. *Das Progressive Horoskop*. Leipzig 1930. S. 4. Ebenso bei Isabelle M. Pagan, *From Pioneer to Poet*, London, 2. Auflage 1926, die hinsichtlich der Tierkreiszeichen von den "entwickelten " und den "einfachen" Menschen spricht.

wertlos ablehnt, wird unseren Darlegungen des astrologischen Denkens kaum folgen können."[29]

Im folgenden Zitat kommt dieser Standpunkt noch eindeutiger zum Ausdruck:

> *„Diejenigen unserer Leser, die sich an die Reinkarnationslehre halten, werden uns sehr viel intelligenter folgen."*[30] *Und: „.....ich bin überzeugt, dass kein gründlicher und ernsthafter Student der ehrwürdigen Wissenschaft von den Sternen wirkliche Fortschritte machen wird, ohne eingehende Kenntnis der Theosophie und deren Einwirkung auf die Astrologie. Es ist nicht so, dass die esoterische Astrologie einem zufälligen Leser der Theosophie offen vor Augen liegt."*[31]

Diese Äußerungen sind wichtig, denn es ist wahrscheinlich, dass ihre Leser und Studenten stillschweigend diese Dogmen aus Verlegenheit akzeptierten, denn sie mussten fürchten, dass man sie als nicht intelligent beurteilte und ihnen Mangel an spirituellem Wachstum zuschrieb, dass man sie also der unteren Klasse der Menschheit zurechnete. In einer Zeit, als in England die Klassengesellschaft noch ihren festen Platz hatte, verfehlten derartige Aussagen nicht ihre Wirkung. Es ist auch interessant, dass die von Alan Leo erwähnte zahlenmäßig größte Gruppe Mittelklasse genannt wurde.

Die Theosophen glaubten auch an den freien Willen, selbst wenn dies nur bedingt zutraf. Zählte man zu der fortgeschritteneren mittleren Klasse, war die Möglichkeit, sein Schicksal durch Selbstkontrolle zu „überwinden" enorm gesteigert. Diejenigen in der niedrigeren Ordnung waren nicht so weit fortgeschritten und von der Barmherzigkeit ihres Horoskops abhängig. Folglich wurde die Astrologie früherer Zeiten als „fatalistisch" in Verruf gebracht.

---

[29] Alan Leo. *Das Progressive Horoskop*. Leipzig 1930. S. 5.

[30] Sepharial (William Gorn Old), *The Manual of Astrology*, London, überarbeitete Ausgabe 1962 (die British Library vermerkt, dass die Ausgabe 1912 ebenfalls überarbeitet war). S. 75.

[31] Alan Leo, *Modern Astrology*, May 1892, No. 22. Vol. 2. No. 10. London.

Die frühere Astrologie neigte zu stark dazu, *„alle Ereignisse im Horoskop angezeigt zu sehen, als ob sie ein notwendiges und unabwendbares Fatum wären."* [32] Dies wäre eine vernünftige Stelle gewesen, den Vorhang für einen Anhänger der Philosophie des freien Willens zu heben, aber Alan Leo fährt fort:

„Der große Baumeister des Universums kann Ereignisse ebensowohl durch die eigenen Handlungen eines Menschen herbeiführen, wie durch Vorgänge, über die dieser keine Macht hat."[33]

Er hat dabei die Tatsache übersehen, dass es viel eher für als gegen die Philosophie des Schicksals spricht, wenn Gott Ereignisse durch und für die Menschheit geschehen lassen kann.

Der freie Wille sorgte jedoch für eine andere Begründung, warum die Astrologen unfähig waren, das Horoskop korrekt auszulegen. Die folgenden Gründe wurden für den Fehlschlag bei der Suche nach dem Ehepartner im Geburtshoroskop angeführt:

„Es ist eine Tatsache, dass viele Menschen, deren Horoskope durch unsere Hände gingen, jemanden geheiratet haben, auf den genau die entgegengesetzte Beschreibung passt zu dem, was man bei Anwendung des solaren oder lunaren Orbis gefunden hatte. Unserer Meinung nach führt dies das Axiom „die Sterne zwingen nicht, sie machen nur geneigt ... aus. ... hätten die Geborenen den Dingen erlaubt, ihren Lauf zu nehmen, dann wäre ihre Vereinigung mit den so im Radixhoroskop bezeichneten Personen eine ganz natürliche Folge gewesen. Aber in den Fällen, wo sie den „freien Willen" ausübten, heirateten sie eine Person mit einer vollkommen anderen Beschreibung...".[34]

Solche ganz offenkundigen Ungereimtheiten finden sich in allen Schriften der theosophischen Astrologen, was eine prompte Entschuldigung für das Versagen ihrer Methoden liefert. Während also das Leben einiger Menschen Gegenstand des Schicksals war, traf dies für das Leben anderer nicht zu – oder wenigstens nicht in dem Ausmaß. Das Kunststück lag nun darin, zu erkennen,

---

[32] Alan Leo. *Das Progressive Horoskop*. Leipzig 1930. S. 51.

[33] Ebenda, S. 51.

[34] *The Astrologer's Magazine*, March 1891 Vol. 1. No. 8., S. 171.

wer zu welcher Gruppe gehörte. Aus diesem Grund wurde die retrospektive Identifikation zu einer begehrten Methode, sich einem Geburtshoroskop anzunähern. Sobald so wie in dem obigen Beispiel eine nicht korrekte Vorhersage getroffen wurde, konnte man den Geborenen als Mitglied einer der beiden höheren Klassen der Evolution legitimieren.

Folglich wurde eine Vorhersage unmöglich, da sich der Geborene willentlich außerhalb seiner astrologischen Parameter stellte. Solche Aktivitäten lassen sich nicht durch die astrologische Symbolik im Horoskop beschreiben. Der Astrologe kann nicht das Unvorhersagbare vorhersagen und kann folglich auch nicht für seine Fehler gerügt werden. Aber dies wirft letzten Endes die Frage nach dem Sinn und Zweck des Horoskops auf. Wenn bestimmte Personen unabhängig von ihrem Geburtshoroskop handeln können, was beschreibt das Horoskop dann überhaupt?

Es muss auch noch angemerkt werden, dass Gott zusammen mit der Divination in den Schriften von Alan Leo verdrängt wurde.

> *„Denn die Astrologie ist das denkbar umfassendste Forschungsgebiet, eine Wissenschaft, die kein Sterblicher „erfinden" konnte. ... Es hat der Erde nie an Weisen gefehlt, die diejenigen lehren wollten, die die Voraussetzungen zur Annahme dieses Wissens erfüllen, das sorgfältig gehütet wird, bis die ganze Menschheit so erstarkt ist, dass sie es entgegennehmen kann".*[35]

Astrologie wurde immer als göttliche Wissenschaft akzeptiert, als das Mittel, durch welches der Mensch einen flüchtigen Blick auf den Willen Gottes werfen konnte. Alan Leo schlug vor, dass wir die Astrologie von namenlosen „Unsterblichen" empfangen haben, die eine indirekte Linie der Verständigung eingeführt haben. Astrologie war nicht mehr länger ein Zugang zum Geist Gottes, sie repräsentierte nicht mehr länger den göttlichen Willen. Wenn die Astrologen früherer Zeiten von Aberglauben zum Narren gehalten und im Übermaß korrumpiert wurden, dann war es ferner undenkbar, dass sie auch ihre Hände bei der Er-

---

[35] Alan Leo. *Die Deutung des Horoskops.* Leipzig 1929, S. 1 f.

richtung oder Entwicklung im Spiel hatten. Folglich kann die Astrologie *„keinem sterblichen Geist entspringen."*[36]

Ein anderes Grundprinzip der theosophischen Lehre bedarf ebenfalls einer Erklärung, um die Entwicklung der Astrologie in der Gegenwart verstehen zu können, nämlich die Begriffe „Schwingung" oder „Oktave."

> *„Einige Astrologen, die tieferen Einblick in die esoterische Seite des Studiums geworfen hatten, haben entdeckt, dass es noch höhere Schwingungen gibt als die, die man für gewöhnlich dem Einfluss der Planeten zuschreibt; aber man kann diese Seite des Studiums durchaus vernachlässigen, da nur wenige unter solchen Planeteneinflüssen stehen, dass sie auf solche Schwingungen reagieren."*[37]

Wiederum muss der Lernende akzeptieren, dass es ein Versäumnis des Geborenen ist, Anzeichen von diesen Schwingungen zu zeigen. Es ist kein Versagen des Grundsatzes. Weder der Grundsatz, noch der Astrologe wurde als fehlerhaft verworfen. Die Idee der „Schwingungen" wird immer wieder in den Schriften jener Autoren wiederholt, die die Aktivitäten des neuen Planeten diskutieren. Dies hält bis in die Gegenwart an, allerdings oftmals ohne dass explizit darüber gesprochen wird, z.B. indem man darüber diskutiert, inwieweit der Geborene fähig ist, auf planetare Energien zu reagieren. Diese Fähigkeit wiederum wurde anhand der Vorstellung der drei Klassen beurteilt. Insgesamt ist dies ein Sammelsurium für alle Fehler, die von Astrologen bei der Auslegung von Horoskopen begangen werden: Erkennt der Geborene die Deutung nicht oder erlebt er die Voraussage nicht, dann hat er oder sie darin versagt, angemessen zu reagieren, denn ihm oder ihr mangelt es an spiritueller Entwicklung oder diese ist im Übermaß vorhanden. Selbstverständlich

---

[36] Während es durchaus möglich ist, dass die "Unsterblichen" mit den "Engeln" und die "anderen Welten" mit dem „Himmel" in anderen Philosophien und Religionen korrespondieren, so verweist der Wechsel der Begriffe auf eine Verlagerung des Akzents hin. Tatsächlich wurden die Planeten des Sonnensystem für diese „anderen Welten" vorgeschlagen.

[37] Alan Leo. *Die Deutung des Horoskops*. Leipzig 1929, S. 47.

war es für den Astrologen notwendig, dass er die Mitglieder der drei Klassen erkennen konnte, wenn er genaue Deutungen und Prognosen geben wollte. Die Methode, wie er dies tun sollte, wurde nicht erklärt, aber es gibt Andeutungen, dass man an diese Informationen über die Intuition gelangen konnte.

Wir werden diesen Theorien begegnen, wenn wir die Symbolik der transsaturnischen Planeten miteinander vergleichen werden, und wir werden sehen, dass die Theosophen die Planetenaktivität ganz im Sinne der Musik als „höhere oder niedrigere Oktaven" der anderen Planeten beschreiben.

Zu dieser Mischung aus Philosophien und Ideologien kam noch das mangelnde Verständnis für die astrologischen Prinzipien und deren philosophischen Ursprung. Das Resultat könnte man als eine selbstgerechte Abwehrhaltung beschreiben, die wenig logische Vorgehensweise erforderte. Gemäß Alan Leo musste die Astrologie des „weisen Chaldäa" wiederhergestellt und von denen, die danach kamen (Griechen, Römer, Araber, Juden) befreit werden. Dies führte dann zu solchen Aussagen:

> *„Zum ersten Male seit der Zeit der Chaldäer wird in der vorliegenden Reihe der Versuch unternommen, das wahre chaldäische System der Astrologie zu verkünden. Ihr Sinn hat sich in ihrer Symbolik bewahrt, und diese Symbole sind so einfach, dass jeder sie deuten kann. Es ist wieder an der Zeit, den geheimen, so lange verborgenen Sinn von Kreis, Kreuz und Stern zu enthüllen. Wir beginnen unsere Aufgabe damit, dass wir einige der Trümmer beseitigen, die sich in den vielen Jahrhunderten angesammelt haben. Nur ein Wunsch beherrscht unser Arbeiten: Der Wunsch, der Menschheit zu dienen und allen, die ein gesundes Urteil und echte Wahrheitsliebe besitzen, einige Brosamen der Weisheit mitzuteilen, die vom Tisch derer gefallen sind, die der Autor mit aufrichtigem Danke seine Lehrer nennt."*[38]

Was Alan Leos Bücher anbelangt, so lässt sich dort kein Beweis für all das oben Angebotene finden. Die Quellen für dieses „Chaldäische System" werden nicht genannt, ebenso wenig Alan Leos Lehrer. Der Leser wird aber in dem Glauben gelassen, dass Leo Zugang zu einigen eindeutigen Quellen für astrologische

---

[38] Alan Leo. *Astrologie für alle*. Leipzig 1928, S. 4.

Weisheit hatte. Das folgende Zitat lässt wenig Zweifel an seinem Vertrauen in seine Aufrichtigkeit und die seiner theosophischen Ideologie:

> *„Aber wir sollten nicht vergessen, dass eine wissenschaftliche Erklärung dafür bis jetzt noch nicht existiert."*[39]

Diese Überzeugung war typisch für jene Zeit, besonders im Hinblick auf die Wissenschaften, und die Astrologie wurde als eine experimentelle Wissenschaft aufgefasst, der die Möglichkeit zugesprochen wurde, mit der Exaktheit der wissenschaftlichen Methoden geprüft werden zu können. Man ging davon aus, dass das Wort Astrologie als solches ein Hindernis für das Interesse seitens der Wissenschaftler darstellte, wegen dessen Verbindung zu den sogenannten Auswüchsen der Vergangenheit, folglich

> *„würde sie zweifellos unter einer anderen Bezeichnung wie etwa kosmische Psychologie, oder ... Kosmekologie – die Ökologie des Kosmos – gesellschaftsfähiger werden"*.[40]

In einigen Fällen ist es offensichtlich, dass diese Autoren den Astronomen bei deren Entdeckungen zuvorkommen wollten:

> *„Wir haben also mehrere Planeten, die sich um die Sonne bewegen. Der erste, von den Astronomen noch nicht entdeckte, ist Vulkan ... Einer gewissen okkulten Lehre entsprechend soll dieser Planet der zukünftige Aufenthaltsort für die meisten Menschen sein. Wichtig ist ferner, dass er unserer Planetenkette angehört."*[41]

Verlautbarungen wie diese wurden später als Vorhersage der Entdeckung Plutos angesehen, aber auch die Astronomen haben eine derartige Sichtung mal richtig, mal falsch vorhergesehen.

Hier bekommen wir einen flüchtigen Eindruck davon, wie vorgegangen wurde, um den neuen Planeten eine bestimmte Symbolik anzuheften. Wie schon oben erwähnt, basierte diese Vorwegnahme nicht auf wissenschaftlicher Basis, sondern auf

---

[39] Alan Leo. *Die Deutung des Horoskops*. Leipzig 1929. S. 47.

[40] Nicholas de Vore, *The Encyclopedia of astrology*, New York, 1980, zuerst 1947.

[41] Alan Leo. *Astrologie für alle*. Leipzig 1928, S. 10.

der theosophischen Vorstellung einer „Kette der Welten." Hier repräsentiert jeder Planet eine Stufe der menschlichen Entwicklung. Je weiter außen im Sonnensystem, umso weiter ist die Menschheit fortgeschritten.

„Man könnte ihn [den Mond] die Mutter der Erde nennen; denn alles Leben, was er einst besaß, auch seine Feuchtigkeit und seine Luft, sind von der Erde angezogen worden. Er ist die physische Welt einer ehemaligen Planetenkette, die mit unserer Entwicklung zusammenhängt."[42] *„Jupiter befindet sich in der Vorbereitung für seine Menschheit, da er derzeit noch unbewohnt ist."*[43]

Aus diesen Zitaten wird ersichtlich, dass die theosophischen Astrologen daran glaubten, dass jeder Planet von Menschen bewohnt sei oder später bewohnt sein werde. Dies sollte nicht bedeuten, dass dies ein astrologisches Prinzip sei oder werden sollte, wovon Leos Anleitung zur Taufe Plutos zeugt. Dies waren Lehrsätze, welche die Astrologie später absorbiert hat.

„In diesem Sinne kann Uranus kein Zeichen der Erhöhung haben; seine Entsprechung zum Wassermann kann nur mit der „Spirale" der Entwicklung des Übermenschen zusammenhängen, die mit dem Wassermann beginnt und mit dem gewöhnlichen Kreis der Zeichen, die mit Widder beginnen, nichts zu tun hat. Dieselben Bemerkungen gelten von Neptun ..." [44]

Diese Äußerungen geben zu verstehen, dass mit der theosophischen Betrachtungsweise des Sonnensystems nicht beabsichtigt war, den Standpunkt der astrologischen Tradition zu ersetzen, oder es sollte wenigstens einem anderen Zweck dienen. Es lässt sich an den häufigen Anspielungen auf die Exotik der traditionellen Astrologie, die im Gegensatz zu den esoterischen Tendenzen der Theosophie steht, beobachten, dass man ein neues System etablieren wollte, ein System, das in erster Linie dazu gedacht war, sich von dem bereits bestehenden abzusondern, das

---

[42] Alan Leo. *Astrologie für alle*. Leipzig 1928, S. 11 f.

[43] Alan Leo. *Astrology for All*. London 1904, S. 5. (Dieses Zitat fehlt in der deutschen Ausgabe von 1928.)

[44] Alan Leo. *Die Kunst der Synthese*. Leipzig 1930, S. 220 f.

sich jedoch mit diesem vermengte und es möglicherweise in sich einordnete.

„In Bezug auf die folgenden Deutungsregeln habe ich den Versuch unternommen, einen höheren Ton anzuschlagen, als es bisher geschehen ist, und wenn es auch noch nicht der höchste ist, vorläufig genügt das. Was man hier findet, ist nicht anderen Büchern entnommen – eine Praxis, die offenbar viele Verfasser astrologischer Werke geübt haben. Es ist vielmehr das Ergebnis tiefen Nachdenkens und praktischer Erfahrungen in der Hoffnung, dass sie ihnen zu einer genaueren Auslegung des Horoskops verhelfen, als es sonst möglich wäre. Sie sollten die Grundlage einer neuen Astrologie bilden, wie sie in der Zeitschrift MODERN ASTROLOGY[45] *begonnen wurde, deren Ziel es ist, die alte Wissenschaft der Astrologie zu läutern und wieder aufzubauen, die anhand der Planetensymbolik den einen universellen Geist in seinen vielfältigen Offenbarungen zu erfassen versucht."*[46]

Dafür griffen die theosophischen Astrologen auf das „weise Chaldäa" als die Stätte der „alten Wissenschaft" zurück. Sie berichteten ihren Lesern, dass die von ihnen geförderten Techniken und Methoden von Chaldäern hergeleitet sind, ihre Quellen gaben sie allerdings nie preis. Wurden diese Techniken in Frage gestellt, dann zogen sie ihr eigenes Bekenntnis heran, dass es notwendig sei, Theosoph zu sein, (was so viel besagte wie ein „höher" entwickelter Mensch), um diese astrologischen Prinzipien verstehen zu können. Erbrachten die Techniken immer noch nicht die erwarteten Resultate, dann war ein gängiger Vorschlag, der Student möge seine Intuition schulen, denn *„wer einige Intuition besitzt, wird seine Anwendung verstehen."*[47]

Ein Autor in Alan Leos Zeitschrift klärt uns über diesen Punkt auf: *„Manche werden sagen, dass die alte Methodik für unsere Vorfahren gut genug war, was uns zufrieden stellen müsste. Aber wir leben im Zeitalter der Evolution und die Welt steht nicht still, ebenso wenig wie die Planeten"*.[48]

---

[45] Alan Leos damals monatlich erscheinende Zeitschrift.

[46] Alan Leo. *Die Deutung des Horoskops*. Leipzig 1929. S. 2.

[47] Alan Leo. *Die Deutung des Horoskops*. Leipzig 1929. S. 100.

[48] "Aphorel", *The Astrologer's Magazine,* October 1890, Vol 1. No.3., S. 67.

Die hier festgelegten Vorstellungen werden vielfach wiederholt, sowohl in Alan Leo's eigenen Werken als auch in den Schriften seiner Anhänger. Da ihr Einfluss auf die astrologische Entwicklung sehr weitreichend und von Dauer war, ist es angemessen, ihre Werke zur Erkundung der Ableitung der Symbolik für die Transsaturnier heranzuziehen.

Die theosophische Sichtweise wurde von Zeit zu Zeit in Frage gestellt, so zum Beispiel von Vivian Robson:

> *„Heutzutage herrscht eine sehr starke Tendenz, sich auf einem bequemen Dunstschleier sogenannter Esoterik treiben zu lassen. Das erste Erfordernis der Astrologie ist Exaktheit und Begriffsbestimmung und nicht pseudoreligiöse Spekulation. Nur durch die Konzentration auf die praktische und wissenschaftliche Seite können wir der Astrologie einen Dienst erweisen und ihr die Anerkennung verschaffen, die sie verdient.“*[49]

Dennoch verfolgte der Autor auch weiterhin das astrologische Modell der Theosophen.

Die vorangegangenen Zitate sind die Glanzlichter einer Debatte, die über einige Jahre anhielt. Unter der Schirmherrschaft von Alan Leos Zeitschrift MODERN ASTROLOGY wurde die Astrologische Gesellschaft gegründet. Bei beiden konnte man folglich eine Vorliebe für die Theosophie erkennen, und im Jahr 1912 führte die Gesellschaft in London ihr erstes Symposium TRANSACTION 1 durch, um das Gewicht der theosophischen Lehre in der Astrologie zu debattieren. Das im Anschluss erschienene kleine Buch ESOTERIC OR EXOTERIC? A SYMPOSIUM legte die Parameter der Diskussion fest.[50] Die Astrologie der Theosophie ist „esoterisch“, während die aller anderen, vor allem derjenigen, die nicht an Karma und Reinkarnation glauben, „exoterisch“ ist. Letzteres wird auch austauschbar mit „materialistisch“ gleichgesetzt. Folglich haben die Theosophen von Anfang an die Diskussion kontrolliert. Tatsächlich hat das Sekretariat des Symposiums, wel-

---

[49] Vivian Robson. *A Beginner's Guide to Practical Astrology*. London 1933, S. 132.

[50] Siehe hierzu auch: Alan Leo. *Exoterische oder esoterische Astrologie – Vier Vorträge*. Freiburg 1921.

ches das Büchlein herausbrachte, die Diskussion fortgeführt, indem es Anmerkungen hinzufügte, in welchen es sich gegen die Materialisten und für die Esoteriker aussprach, ohne in diesem Rahmen einen Widerspruch zu riskieren.

Diejenigen, die Einwände gegen die Einbeziehung theosophischer Lehren hatten, traten für eine wissenschaftliche Untersuchung der Astrologie ein, was ebenso ein Zeichen der Zeit war wie die Theosophie selbst.

> *„Indem wir sie [Astrologie und Theosophie] nicht auseinanderhalten (...) gehen wir das Risiko ein, viele Studenten zu verlieren und unsere gemeinsame Sache mit der intellektuellen Welt zu beeinträchtigen."*[51]

Der Schriftführer bei TRANSACTION stellt den Fall in seinen Anmerkungen kurz und knapp dar: *„Auf denjenigen, die die theosophische Deutung der astrologischen Tatsachen ablehnen, lastet nicht nur die Bürde, dass sie nicht beweisen, dass es eine andere Erklärung geben kann. Vielmehr müssten sie diese vorlegen und einer Prüfung stellen. Bislang scheinen sie diese Pflicht noch nicht erkannt zu haben."*[52]

Der Leser könnte daraus ableiten, dass nicht die theosophische Interpretation der Astrologie der Neuling war, sondern dass sie von alter und geradliniger Abstammung war, um solche Forderungen zu stellen. Die Debatte endete mit einer Spaltung, die diesen Zustand reflektiert und die bis in unsere Zeit fortbesteht.

Astrologische Grundlagen

Die Grundlagen der Astrologie beruhen auf den Planeten des Sonnensystems. Die symbolischen Eigenschaften haben sich über Tausende von Jahren entwickelt und repräsentieren eine Mischung aus Kulturen, Religionen und Mythologien. Mehr noch, sie bilden eine schrittweise Entwicklung der Bedeutung und des Sinns ab. Nach so einer langen Zeitspanne lässt es sich nicht

---

[51] Arthur Mee, *Esoteric or Exoteric: a Symposium.* The Astrological Society, London 1912. S. 28.

[52] Ebenda, S. 89.

mehr exakt nachvollziehen, wie die Planeten ursprünglich ihre symbolische Bedeutung erlangten. Wir können über Beobachtung und Versuche spekulieren, aber Inspiration und Kontemplation könnten ebenfalls eine Rolle gespielt haben, vor allem, wenn man die heiligen Naturkräfte der Astrologie mit in Betracht zieht. Die Planeten galten als Residenzen oder Stellvertreter der Götter und sogen auf diese Weise viel von der Mythologie auf, die mit diesen Göttern assoziiert wurde.

Die Planeten verkörpern verschiedene Facetten und Aufgaben der Schöpfung. Mehr noch - sie symbolisieren den göttlichen Willen. Durch ihre Bewegungen und ihre Wechselwirkungen beobachtete der Astrologe die Göttlichkeit in Aktion. Die Astrologie konnte nicht von dieser grundlegenden Wirklichkeit abgetrennt werden. Ohne das Göttliche konnte die Astrologie nicht existieren, denn sie wurde entworfen, um Zugang zum göttlichen Plan zu erhalten.

Die im 17. Jahrhundert verwertbare Wissenssubstanz hatte sich aus vielen verschiedenen Quellen entwickelt und stellte das letzte noch in sich zusammenhängende System vor seiner Zersetzung dar. Es hat noch den heiligen Charakter der Astrologie bewahrt, hat im Kern das Prinzip der Göttlichkeit beibehalten und betrachtet Gott als den höchsten Gebieter. Die Säkularisierung der Astrologie ist bis heute noch nicht abgeschlossen und in den Schriften der Astrologen erkennt man nur selten ihre Philosophie.

Zwar kann man in der Geschichte der Astrologie verschiedene Variationen der planetarischen Symbolik finden. Die ersten Astrologen aber, die die neuen Planeten in das System einzubauen versuchten, waren noch ganz in dem astrologischen Erbe des 17. Jahrhunderts beheimatet. Lilly, Partridge, Coley und Gadbury waren diejenigen, die sich mit der astrologischen Bildung, deren Grundlagen und einer geradlinigen Überlieferung befassten. Sie hatten auch Handbücher geschrieben, so dass die Annahme naheliegt, dass die nach ihnen kommenden Autoren von der Symbolik, die in diesen Quellen angewandt und gelehrt wurde, ebenfalls Gebrauch machten. Als das letzte etablierte astrologische System der westlichen Tradition ziehen wir dieses zu Vergleichen heran und messen die später erfolgten Veränderungen daran.

Zeichen	Qualität		Natur		Triplizität	Körperteil
	Geschlecht und Sektion	*Quadruplizität*	*Temperament*	*Humores*		
♈	Männlich; Tag	beweglich	heiß, trocken	cholerisch	Feuer	Kopf und Gesicht
♉	Weiblich, Nacht	fix	kalt, trocken	melancholisch	Erde	Nacken und Hals
♊	Männlich; Tag	allgemein	heiß, feucht	sanguinisch	Luft	Hände, Arme, Schultern
♋	Weiblich, Nacht	beweglich	kalt, feucht	phlegmatisch	Wasser	Magen, Brust, Lungen
♌	Männlich; Tag	fix	heiß, trocken	cholerisch	Feuer	Rücken, Rippen, Herz, Flanken
♍	Weiblich, Nacht	allgemein	kalt, trocken	melancholisch	Erde	Bauch, Gedärme
♎	Männlich; Tag	beweglich	heiß, feucht	sanguinisch	Luft	Unterer Rücken, Nieren
♏	Weiblich, Nacht	fix	kalt, feucht	phlegmatisch	Wasser	Leiste, Sexualorgane, Blase, Anus
♐	Männlich; Tag	allgemein	heiß, trocken	cholerisch	Feuer	Hüfte, Oberschenkel, Gesäß
♑	Weiblich, Nacht	beweglich	kalt, trocken	melancholisch	Erde	Knie. Kniekehle
♒	Männlich; Tag	fix	heiß, feucht	sanguinisch	Luft	Unterschenkel, Knöchel
♓	Weiblich, Nacht	allgemein	kalt, feucht	phlegmatisch	Wasser	Füße

Die Erläuterungen und Abbildungen im ersten Teil des Buches haben die Grundprinzipien in einfachen Begriffen zum Ausdruck gebracht. Sie lenken den Blick auf die Bereiche, die für diese Studie von größter Bedeutung sind. Die Natur der Planeten und die Zeichen, in denen sie herrschen, sind besonders relevant, ebenso wie der tropische Tierkreis und die zentrale Rolle der Sonne zur Darstellung der Zeit.

Die Tabelle auf Seite 75 zeigt die grundlegenden Zuordnungen der Tierkreiszeichen, wobei Signifikatoren, die Orte, Länder und Städte betreffen, ausgelassen wurden. Feuerzeichen kennzeichnen den Osten; Erdzeichen den Süden; Luftzeichen den Westen; Wasserzeichen den Norden. Diese Tabelle dient dazu, die Unterschiede zu den späteren Methoden aufzuzeigen.

Diese Zuordnungen sind klar und eindeutig, und aus den Qualitäten, Triplizitäten und Planetenherrschern lassen sich Schlüsse ziehen, wie ein Planet durch seine Position näher bestimmt wird. Die Planeten haben eine elementare Konstitution, die sich ziemlich eindeutig von derjenigen der Zeichen unterscheidet, wie schon im ersten Teil dieses Buches dargestellt.

In Abbildung 7 dehnen wir die essenziellen Würden der Zeichenherrschaft der Planeten auf die Würde der *Erhöhung* aus. Die Struktur dieser Würde wurde missverstanden und abgelehnt, es bedarf allerdings nur wenig, um deren grundlegende Eleganz aufzudecken. Wir sehen, dass die Grundnatur der Sonne aufrechterhalten wird. Die Sonne ist im Widder erhöht, ein bewegliches oder kardinales Zeichen. Die drei oberen Planeten Mars, Jupiter und Saturn besetzen die anderen beweglichen Zeichen. Wir werden auch sehen, wie wichtig die Wohltäter Jupiter und Venus sind, um die Harmonie zu gewährleisten.

Widder wurde zum ersten Zeichen des Tierkreises ernannt und markiert die Frühjahrs-Tagundnachtgleiche, bei der Tag und Nacht gleich lang sind. Außerdem gewinnt die Sonne an Kraft und startet ihren Aufstieg zu ihrem Zenit, was zugleich das Signal für das Ende der langen Nächte ist. Widder ist ein östliches Zeichen und die Sonne geht im Osten auf. Im Widder steht die Sonne überdies in der Opposition zu Saturn, der seine Erhöhung in der Waage hat.

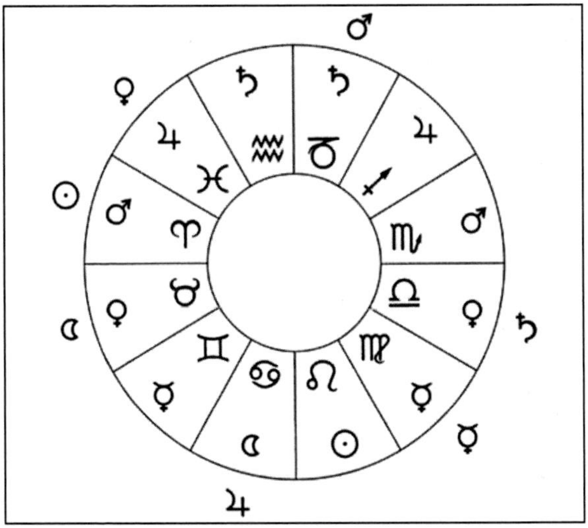

Abbildung 7: Erhöhung

Der Mond, erhöht im Stier, in welchem die Wohltäterin Venus herrscht, behält seine Position in Sonnennähe bei. Hier ist seine Stellung allerdings repräsentativ für seinen ersten Lichtstrahl als Neumond, sobald dieser sich von der Kraft der Sonne befreit. Im Stier unterhält der Mond trigonale Beziehungen zu Merkur und Mars sowie sextilische Beziehungen zu den Wohltätern Jupiter und Venus.

Jupiter, der mäßigende Planet, hat seine Erhöhung im nördlichen Zeichen Krebs. Ptolemäus schreibt zu Jupiter, dass er *„am weitesten nach Norden gelangt und dort besonders seine Wirkung zeigen kann"*[53] und folglich der feuchteste Planet ist. Er bildet Aspekte zu allen anderen Planeten, was man in einem System, das versucht, die Kräfte der Natur auszubalancieren, erwarten dürfte.

Merkur ist in seinem eigenen Zeichen Jungfrau erhöht, was Fragen über die Richtigkeit dieses Systems aufwarf. Er steht allerdings in einem Trigon zu Mond und Mars und in einem Sextil zu dem großen Wohltäter Jupiter sowie in einer Opposition zu

[53] Claudius Ptolemäus. *Tetrabiblos*. Mössingen 1995, S. 61.

der Wohltäterin Venus. Ptolemäus sieht die Trockenheit Merkurs mit der Trockenheit dieses herbstlichen Zeichens in Verbindung.

Saturn als Tagplanet ist in der von Venus regierten Waage erhöht, einem westlichen Zeichen. Die Sonne geht im Westen unter und die Waage ist das Zeichen ihres Falls (die Opposition der Erhöhung) und Saturn, der Herr der Dunkelheit, hat den Vortritt. Seine üble Natur ist in diesem Tagzeichen gemäßigt, des Weiteren auch durch das Quadrat von Jupiter. Saturn empfängt in dieser Position zudem ein Quadrat von dem Übeltäter Mars, aber auch Mars wurde dadurch gedämpft, dass er seine Erhöhung in dem Nachtzeichen Steinbock hat. Es sei darauf hingewiesen, dass Saturn weder Trigone, noch Sextile empfängt.

Auch die Erhöhung des Mars im Steinbock hat Zweifel über das klassische System der Erhöhung aufkommen lassen. Wie schon erwähnt, ist Mars der erste obere Planet, folglich wurde ihm ein bewegliches Zeichen zugeordnet. Er ist ein Nachtplanet, der in einem Nachtzeichen erhöht ist und er unterhält abträgliche Aspektbeziehungen mit der Sonne (Quadrat) und zwei anderen oberen Planeten, nämlich das Quadrat zu Saturn und die Opposition zu Jupiter. Er empfängt allerdings auch ein Sextil von Venus in den Fischen, was wiederum die harmonisierenden Kräfte dieses Systems aufzeigt. Ptolemäus erklärt, dass das feurige Wesen des Mars verstärkt wird, wenn er am weitesten im Süden im Steinbock steht.

Venus ist in den Fischen erhöht, in denen Jupiter herrscht. Venus steht im Trigon zu Jupiter im Krebs und in Sextilen zu Mond und Mars. Sie befindet sich in der Opposition zu dem in der Jungfrau erhöhten Merkur. Die Oppositionen und Quadrate der Wohltäter tragen nicht dieselbe feindselige Symbolik in sich wie die anderen Aspekte der Planeten. Ptolemäus hebt hervor, dass es die wässrige Art der Venus ist, die im Einklang steht mit den Fischen und folglich die Fruchtbarkeit erhöht.

Die Schadenskraft der Übeltäter ist eingeschränkt und gleichzeitig ist die Kraft der Wohltäter, Gutes zu tun, gesteigert. Ähnlich wie Jupiter bildet Mars Aspekte mit allen anderen Planeten. Mars mobilisiert, Jupiter verleiht den Planeten Auftrieb in dieser Stellung. Desgleichen ist die Kraft der Sonne im Widder eindeutig festgelegt. Die Energie des Mondes bleibt frei von der überstrahlenden Kraft der Sonne und dem zunichte machenden Einfluss Saturns.

Die Erhöhung ist ein Bestandteil der essenziellen Würden der Planeten. Die anderen Unterteilungen der Zeichen wie Triplizitäten, Grenzen oder Gesichter werden wir hier nicht eingehend erörtern, aber sie haben auch jeweils einen oder mehrere Planeten zugeordnet. Alle diese Würden einschließlich der Zeichenherrschaft wurden von den modernen Astrologen abgelehnt oder verändert. Diese Verwerfungen oder Umbauten wurden allerdings nicht einheitlich und konsequent angewandt. Es gab viele Vorschläge für alternative Systeme. In der sich anschließenden Verwirrung haben die meisten modernen Astrologen diese einfach beiseite gelegt, so dass immer weniger Astrologen diese überhaupt noch lernten.

Die Zuweisung der Körperteile zu den Zeichen des Tierkreises folgt einer erkennbaren Ordnung, und ähnlich werden auch die Häuser zugeordnet, so dass das 1. Haus Kopf und Gesicht bedeutet, das 2. Haus Hals und Nacken usw. Bekannt als analoge Bedeutung der Häuser wurde dieses Modell dazu benutzt, um die Idee zu rechtfertigen, dass Zeichen in entsprechenden Häusern herrschen, also dass etwa Widder im 1. Haus regiert, Stier im 2. Haus, Zwillinge im 3. Haus usw.[54]. Folglich haben moderne Astrologen die Auffassung eingeführt, dass Mars eine „natürliche Herrschaft" im 1. Hauses innehat, da Mars im Widder regiert, Venus im 2. Haus, da sie im Stier regiert und so weiter.[55]

---

[54] Raymond Harrison. *The Measure of Life.* London, 1937, S. 28. Siehe auch in: Vivian Robson. *A Beginner's Guide to Practical Astrology.* London, 1933.

[55] Die stillschweigende Annahme, dass Venus über Geld herrscht, ist aus dem irrtümlichen Prinzip abgeleitet, dass Stier im 2. Haus des Besitzes herrscht. Ein weiteres Beispiel für diese Denklinie zeigt sich daran, dass Jupiter über Fernreisen herrschen soll, weil man sagt, dass er über das 9. Haus der großen Reisen herrscht, weil auch der Herrscher des neunten Zeichens Schütze ist. In der traditionellen Astrologie bezeichnet Jupiter das Geld, und der Mond und der Merkur stehen für Reisen.

Schon als diese Ideen verbreitet wurden, waren sie problematisch und ihre Befürworter hielten es für angebracht, ihre mangelnde Effizienz zu entschuldigen. So finden wir zum Beispiel bei dem Versuch, den Unterschied zwischen einem Planeten im Zeichen und einem Planeten im Haus zu erklären, (Mars im 1. Haus hätte also nahezu die gleiche Bedeutung wie Mars im Widder), den Hinweis: *„Infolgedessen hängt es also sehr stark von dem Individuum ab, wie sich ein Einfluss auswirkt."*[56]

Auch hier wurde die Verantwortung für das Zutreffen der Aussage abermals vom Astrologen an den Geborenen übergeben, und man lässt nichts gelten, was auf die mangelnde Gültigkeit des Prinzips selbst schließen ließe.

Es gibt keine Belege in der westlichen Tradition, der all diese Ideen unterstützen würde, wohingegen diese Beispiele in sich anschaulich machen, wie man Symbole verändern kann. Daraus wird klar, wie wichtig das Konzept der analogen Bedeutung von Zeichen und Häusern für die Symbolik der transsaturnischen Planeten ist.

Fassen wir zusammen: Zeichen können nicht herrschen und sie sagen soviel über das Haus oder den Planeten aus, wie die Hautfarbe über einen Menschen. Sie können lediglich die Aktivität des Planeten oder Punktes beschreiben, der in ihnen steht. Die Zeichen erlangen ihre symbolische Bedeutung aus den Klassifizierungen, die in der Tabelle auf Seite 75 beschrieben wurden, sowie von den Planeten, die in ihnen herrschen. Im Hinblick auf die Häuser ist der Planet von Bedeutung, der im Zeichen an der Spitze des Hauses herrscht, oder der repräsentativ ist für die dem Haus zugeordneten Angelegenheiten. Das dort platzierte Zeichen beschreibt die mit diesem Haus verbundenen Dinge, das Zeichen *kann aber in dem Haus nicht herrschen.*

Es wird sich zeigen, dass das Missverständnis im Hinblick auf diese elementaren Grundlagen teilweise der Ausgangspunkt für die Symbolik der neuen Planeten ist.

---

[56] Alan Leo. *Die Deutung des Horoskops.* Leipzig 1929. S. 224.

Die Entdeckungshoroskope

Es ist eine gängige Praxis, Horoskope für ein Ereignis zu erstellen. Besonders sind diesbezüglich vor allem die Horoskope für die Terminwahl wie etwa bei einer Geschäftseröffnung, einer Heirat usw. Hierzu können wir auch die bekannteste astrologische Anwendung rechnen, nämlich das Geburtshoroskop für den Beginn des Lebens. Aus diesen Horoskopen gewinnt man Informationen zu diesen Ereignissen und erstellt Vorhersagen über den Verlauf des Unternehmens, der Ehe oder des Lebens.

Diese Horoskope werden für bestimmte Augenblicke erstellt, die einen Beginn signalisieren. Es kann darüberhinaus sehr viele weitere wichtige Vorkommnisse im Verlaufe einer jeden Situation oder Geburt geben. Aber der als Geburtsmoment bezeichnete Augenblick enthält in sich den Schlüssel für alles, was später folgt.

Indem man ein Horoskop auf den Augenblick der Entdeckung des jeweiligen transsaturnischen Planeten erstellt, gewinnen die Astrologen Informationen über den *Vorgang* der Entdeckung als solche, aber nicht über das *Objekt* der Entdeckung. Wir mögen darin wohl Beschreibungen über den (kosmischen oder astronomischen) Zustand der Entdeckung finden, aber dieses Ereignishoroskop kann nicht wie ein Geburtshoroskop behandelt werden, und *folglich liefert es uns auch keine Aussagen über den Charakter des entdeckten Objekts.* Diese Ereignishoroskope enthalten also keine Informationen über das Wesen und die Qualitäten der jeweiligen Planeten. Dennoch wurden offensichtlich diese Horoskope herangezogen, um sich genau diese Informationen daraus zu verschaffen. Bei der nachfolgenden Erörterung der einzelnen Planeten werden die Entdeckungshoroskope mit ihren springenden Punkten vorgestellt, und im Falle von Uranus wird die Beschreibung eingehend demonstriert. Die Logik dieser Praxis wurde jedoch deutlich in Frage gestellt und man zeigte zur Zeit der Entdeckung Plutos nur noch wenig Interesse daran.

Uranus – 1781 entdeckt

Die Quellen für die Symbolik von Uranus sind verschiedenartig und umfassen das Entdeckungshoroskop, seine astronomischen Eigenschaften, zeitgenössische politische Ereignisse und wissenschaftliche Errungenschaften, den Ouranos-Mythos, theosophische Lehren und ein Missverständnis des astrologischen Systems.

Erste Hinweise

Es ist anzunehmen, dass eine Untersuchung der Almanache aus der Zeit unmittelbar nach der Entdeckung von Uranus darlegen kann, wie sich die Eingliederung von Uranus in das astrologische Schema entwickelte. Die starke Verbreitung und die regelmäßige Erscheinungsweise dieser Publikationen dürfte eine gute Informationsquelle darstellen, umso mehr, da ansonsten in jener Zeit ein Mangel an anderen Werken herrschte. Wie gesagt, der astrologische Gehalt dieser Almanache war im Vergleich zu den Almanachen früherer Epochen eher gering. Jedoch ist zu erwarten, dass die Herausgeber und deren Verleger Schritt mit den Neuentdeckungen halten mussten, und sei es nur, um ihren Profit zu steigern, indem sie durch den Reiz des Neuen mehr Leser erreichten. Falls das Geschäft die hauptsächliche Antriebskraft war, ist damit zu rechnen, dass die astrologische Genauigkeit nicht erste Priorität hatte.

Erst im Jahre 1794 bekannten sich die Herausgeber von Almanachen zu der Existenz von Uranus[57], allerdings wurden nur sein Name und sein Symbol erwähnt. Gelegentlich wird er in ein Horoskop eingezeichnet, jedoch niemals rückwirkend. War also ein Geburtshoroskop in dem Almanach enthalten, so wurde Uranus nicht eingezeichnet, sobald das Geburtsdatum vor der Entdeckung im Jahre 1781 lag. Ab 1827 wurde Uranus auch in die Liste der Aspekte aufgenommen.

In Seed's Almanach[58] aus dem Jahre 1847 finden wir Uranus auch in der Ephemeride, und sein Symbol taucht ebenso in den Abschnitten auf, die sich auf die Aspekte zum Mond und zu den Planeten beziehen. Seed nennt ihn Herschel und nimmt auf ihn Bezug, wenn es sich um Aspekte im Zusammenhang mit dem Wetter handelt. Er gibt Uranus auch das männliche Geschlecht, indem er immer von „ihm" spricht. In diesem Almanach findet man die Rektaszension und die Deklinationen für Uranus, Vesta, Juno, Pallas und Ceres. Die Einbeziehung der Asteroiden ist ein Anzeichen dafür, dass er mehr einer Mode folgte, als dass er einen astrologischen Präzedenzfall schaffen wollte. Obwohl diese Asteroiden in den Almanachen geführt wurden, gibt es keinen Beleg dafür, dass diese angewandt oder gedeutet wurden.

Es lässt sich wenig in den Almanachen finden, das mit der Bedeutung von Uranus zu tun hätte. Im Jahre 1865, also 84 Jahre nach seiner Entdeckung, gab es erste vorsichtige Deutungsansätze im Hinblick auf Wetterprognosen, wenn Uranus einen Aspekt zu anderen Planeten bildete. Selbst bei oberflächlicher Durchsicht der Almanache wird offenbar, dass wenig über Uranus gesagt wird. Plötzlich taucht er als „Georgium Sidus" in der Literatur auf, dann bekommt er ein Symbol, aber auch seine Einbeziehung in die Wettervorhersage bringt wenig Unterstützung bezüglich eines Deutungsansatzes. Diese Zurückhaltung ist auffallend und steht im Gegensatz zu der sehr viel zuversichtlicheren

---

57 John Partridge, *Merlinus Liberatus*, London, 1794.

58 William Seed. *An Almanack*, London 1847. Bemerkenswert ist, dass dieser Almanach ein Jahr nach der Entdeckung Neptuns erschienen ist.

Annäherungsweise, die manche Astrologen später nach der Entdeckung Plutos wählten. Es gibt einige Hinweise darauf, dass die astrologische Symbolik von Uranus widersprüchlich war:

> *„Es gab viel Zank unter denjenigen, die Horoskope erstellen, hinsichtlich des Georgischen Planeten sowie der anderen vier (Ceres, Pallas, Juno, Vesta) erst kürzlich entdeckten. Ich lasse sie alle weg bei meinen Berechnungen, da ich davon überzeugt bin, dass wir nicht viele Beispiele haben, die ausreichen, um die Existenz ihrer Kraft zu beweisen, und zwar aus ganz einfachen und handfesten Gründen. Die echten und korrekten Orte und Bahnen dieser Planeten sind uns heute noch nicht genau bekannt. Wenn wir sie also in unseren Berechnungen und Deutungen berücksichtigen, dann sollten wir uns unserer Fehler bewusst sein. Ich weiß, dass manche dagegen halten, sie hätten viele ihrer Auswirkungen in Horoskopen gefunden. Aber wer dieser Meinung Raum gibt, sollte greifbare Beweise seiner Entdeckungen vorlegen, was ihnen meiner Ansicht nach nicht gelingen wird. Obwohl diese Verfechter dazu neigen, meinen Standpunkt zu missbilligen, ersuche ich diese, sich nicht mehr auf Distanz zu halten, sondern vorzutreten und die Ergebnisse ihrer Beobachtungen, die sie an gültigen Beispielen und Erfahrungen gesammelt haben, zu publizieren.“*[59]

Ganz offensichtlich waren nur wenige Astrologen bereit oder in der Lage, diese Herausforderung anzunehmen. Der Autor widerlegt die dem Uranus zugeordnete Symbolik nicht nur, er hinterfragt vielmehr, ob er überhaupt einen Platz im astrologischen System hat. Mit den „gültigen Beispielen“ bezieht er sich auf Horoskope, die konform mit den etablierten Regeln sind oder anders ausgedrückt, die sich durch die Aufgabe veranschaulichen und nicht nur durch den Glauben.

In Abbildung 8 sehen wir das Horoskop mit der allgemein akzeptierten Zeit, zu der Herschel in seinem Haus in Bath Uranus entdeckt haben dürfte. Da dieses Horoskop nicht nur aus astrologischen Gründen bedeutsam war, hätte der Astrologe wohl erwartet, dass Uranus auf einer Achse steht, aber wir finden

---

[59] John Worsdale. *Celestial Philosophy, or Genethliacal Astronomy.* London, 1828, S. 56.

nichts Derartiges hier. Uranus steht im 8. Haus[60], was ein eher uninspirierter Beginn für diesen Planeten ist. Nur sehr wenig scheint von seiner Hausstellung in diesem Horoskop in die Symbolik eingeflossen zu sein. Das 8. Haus ist ein unglückliches Haus, das oftmals als „düster" bezeichnet wird und es herrscht über den Tod. Uranus hat diese Symbolik niemals aufgenommen und hat diesen Bereich Pluto überlassen.

Die in diesem Horoskop dargebotene Beschreibung ist eindeutig: Herschel wollte die beste Möglichkeit wahrnehmen, um den Planeten zu beobachten. Wir sehen, dass der Mond bald aufgehen wird, so dass Herschel noch einen dunklen Nachthimmel untersuchen konnte. Wir sehen, dass Mars, der Herrscher des Aszendenten, der zugleich auch Herschel repräsentiert, Uranus im südlichen Quadranten des Himmels anblickt. Der Mond läuft applikativ auf ein Trigon mit der Sonne zu und enthüllt diesen Planeten symbolisch für Herschel. Die Lichter herrschen traditionell über die Augen, und in diesem Kontext sehen wir die Symbolik des Teleskops sowie das klare Sehvermögen in dem Trigon der Sonne zu Jupiter.

Die bemerkenswerteste Konfiguration mit einer Beteiligung von Uranus ist die exakte Opposition, die er von Mars empfängt sowie die etwas weitläufigere Opposition von Saturn, den beiden Übeltätern. Astrologen haben Uranus die Konstitution von Mars und Saturn zugewiesen und das Entdeckungshoroskop zeigt uns den Schlüssel zu dieser Symbolik. Raphael (R. C. Smith, 1795 – 1832) war einer der ersten Vertreter dieser Ansicht. Nachdem er erläutert, wie *„die Alten"* sich mit dem Erscheinen neuer *„Himmelsphänomene"* auseinandergesetzt haben (der Quadrant, in dem sie stehen, die Stellung im Zeichen und die Nähe von Fixsternen), scheint er sich davon wieder zu verabschieden und rät stattdessen ein Horoskop auf die erste Sichtung des neuen Planeten zu erstellen, *„aus dem die Ursache für dessen Erscheinen dem Studenten viel leichter offenkundig wird, als mit jeder anderen Methode."*

---

60 Das Horoskop wurde mit Regiomontanus-Häusern erstellt, aber auch in den anderen Häusersystemen bleibt Uranus im 8. Haus.

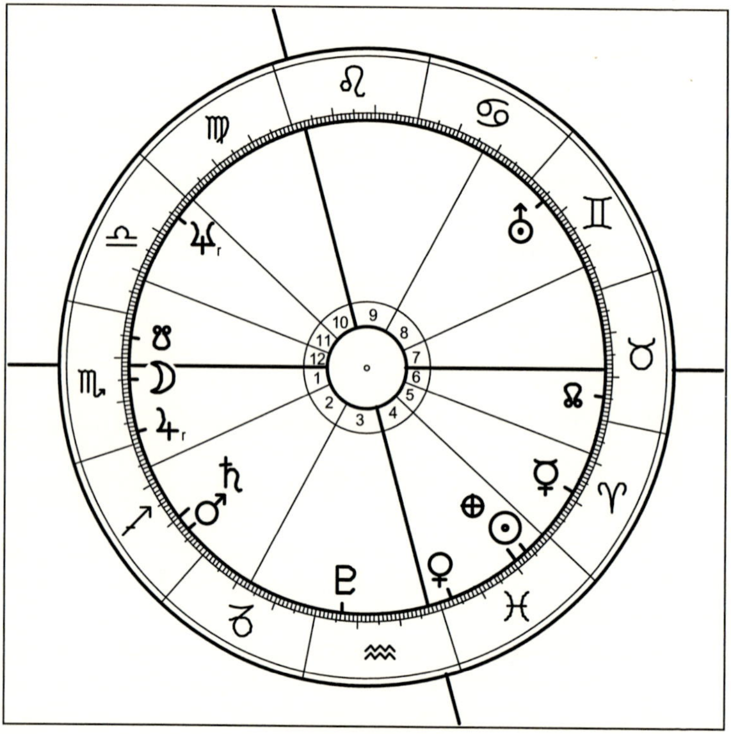

Abbildung 8:
Entdeckung von Uranus, 13. März 1781, 22:30 LMT, Bath
(51°N 23', 2° W 22')

Er legte das Horoskop vom 13. März 1781, 22 Uhr zugrunde und da ein Zeichen mit langsamem Aufstieg (Skorpion) aufgeht, verändert eine halbe Stunde Unterschied das Horoskop nicht sehr drastisch. Raphael erwähnt aber, dass sich Uranus im 9. Haus befinde, während er dagegen in den meisten Häusersystemen im 8. Haus zu stehen kommt. Er bemerkt ferner, dass Saturn im 2. Haus des Wohlstandes sei, zieht daraus aber keine weiteren Schlüsse.

„Das Horoskop der ersten Sichtung wies einfach darauf hin, dass der Einfluss ungünstig sein würde – und dies zu beweisen war immer ein Anliegen der Astrologen. Daraus folgt unmittelbar, dass in jedem

Vorgang dieselben Regeln beobachtet werden können müssen, wo eine neue Himmelserscheinung oder ein ungewöhnliches Phänomen am Himmel beobachtet werden kann."[61]

Ohne einen Beweis für seine Annahmen anzubieten und ohne den Versuch, die alten Regeln anzuwenden (eine Quelle, die bei ihm nicht vorgesehen ist), ist die Vorgehensweise im beste Falle unvorsichtig und im schlimmsten Falle leichtsinnig. Dieser Vorbehalt war jedoch nicht überzeugend, seit wir wissen, dass diese Vorgehensweise als gängige Praxis akzeptiert wurde und 60 Jahre später erneut angewandt wurde: *„... die besten modernen Astrologen nehmen an, dass Herschel einer Kombination von Saturn und Mars entspricht."*[62]

Noch später wurde die Symbolik umgedreht - die Konjunktion von Mars und Saturn wird mit den Eigenschaften von Uranus verbunden - , um die wachsende Bedeutung von Uranus hervorzuheben:

> *„Wenn Mars in Konjunktion mit Saturn steht, so könnte man theoretisch eine harmonische Einheit erwarten. Praktisch tritt das aber nicht ein, denn die Konjunktion ähnelt in ihrer Wirkung in gewisser Beziehung dem Einfluss des Uranus."*[63]

An dieser Stelle muss nochmals ausdrücklich darauf hingewiesen werden, dass dieses Horoskop für das Ereignis der Uranus-Entdeckung berechnet wurde, es beschreibt demnach also das Ereignis und *nicht den Planeten.* Das Horoskop ist lediglich das mathematische Gerüst, in dem die Planeten positioniert werden, um die Darstellung zu erleichtern. Das Horoskop kann aber nicht diejenigen beschreiben, die es ihrerseits deuten.

---

[61] Raphael. *A Manual of Astrology,* London 1828, S. 216.

[62] William C. Eldon Serjeant. *The Astrologer's Guide: Anima Astrologiae.* London 1886. Dieses Buch enthält die „146 Aphorismen" von Guido Bonatti und die „Sieben Abschnitte" von Hieronymus Cardanus. Das Buch wurde erstmalig im Jahr 1675 von Henry Coley ins Englische übertragen und von William Lilly herausgegeben. Eldon Serjeant war ein Mitglied der Theosophischen Gesellschaft.

[63] Alan Leo. *Die Deutung des Horoskops.* Leipzig 1929, S. 64.

Astronomische Eigenschaften

Die Umlaufbahn des Uranus ist insofern exzentrisch, als seine Rotationsachse verglichen mit den anderen Planeten gekippt ist und damit fast auf seiner Bahnebene liegt. Daraus wird die Entsprechung hergeleitet, dass er Exzentrizität im persönlichen Leben, außergewöhnliche Ereignisse und überspanntes Verhalten symbolisiert. Ganz ähnlich kam er aufgrund seiner Position im Sonnensystem zu der Symbolik, dass er alte Grenzen einreiße: Er war der erste Planet jenseits von Saturn, welcher seinerseits bis dahin die äußerste Begrenzung des Sonnensystems repräsentiert hatte. Durch ein falsches Verständnis des Ouranos-Mythos, auf den wir weiter unten eingehen werden, wurde Uranus mit Rebellion, Unabhängigkeit, Revolution, Umsturz und der Aufhebung etablierter Positionen assoziiert. Uranus repräsentierte das Neue und Progressive, während Saturn alles Alte, Konservative und Überholte vertrat. Es ist bemerkenswert, dass Saturn folglich mit Beschränkungen und Begrenzungen in Verbindung gebracht wurde, eine bis heute beibehaltene Symbolik.

Politische Ereignisse

Astrologen haben die Entdeckung des Uranus mit der Amerikanischen Revolution assoziiert, die mit der Boston Tea Party 1773 eingeleitet wurde und mit der Unabhängigkeitserklärung 1776 begann. Die Briten wurden 1781 in Yorktown geschlagen, was die amerikanische Unabhängigkeit sicherstellte - also exakt in dem Jahr der Entdeckung des Uranus. Die Französische Revolution im Jahr 1789, die zur Exekution des französischen Monarchen und zur Ausrufung einer Republik führte, wird auch mit Uranus in Zusammenhang gesehen. Dies waren erschütternde Ereignisse, die jedoch nie mit dem Englischen Bürgerkrieg (1642-1649) verglichen wurden, der ähnlich traumatische und weitreichende Auswirkungen auf die Nation hatte. Die Hinrichtung von

Charles I. wurde für eine Schreckenstat gehalten, selbst unter den Gegnern der Royalisten.

Mars ist der Planet des Krieges, auch des Bürgerkrieges, und er ist der Planet von Mord und Totschlag. Die Ursache für den Krieg ist dabei nicht relevant, ebenso spielt die Herkunft des Feindes eine Rolle. Sowohl die französische als auch die amerikanische Revolution wurde aufgrund der Tyrannei von König oder Staat ausgefochten. Es waren also genau dieselben Ursachen, die auch zum Englischen Bürgerkrieg geführt hatten, der über weite Strecken einer Revolution glich.

Für Ereignisse der jüngeren Geschichte wird die Verbindung des Uranus zu Revolution, Umsturz, Unabhängigkeit und Freiheit herangezogen. Man hält dies für modern und denkt sich folglich, dass dies nicht zu Mars gehört.

Wissenschaftliche Fortschritte

Die Aufklärung dauerte von 1650 bis 1800 und neigte sich schon dem Ende zu, als Uranus entdeckt wurde. Das Verlangen nach Rationalismus war schon stark etabliert, als mit Beginn des 18. Jahrhunderts die industrielle Revolution einsetzte. Die bedeutendste Erfindung der industriellen Revolution war die Dampfmaschine[64], die deren Beginn markiert und ohne die es gar nicht zur weiteren Entwicklung hätte kommen können, jedoch erwähnen die Astrologen dies gar nicht. Zu keinem Zeitpunkt wird in den Veröffentlichungen der zeitgenössischen Astrologen auf die Dampfkraft angespielt. Lediglich jene Erfindungen oder Fortschritte, die sich mit der Entdeckung Uranus' zu verbinden scheinen, werden erwähnt. Ohne Bezugnahme auf die vorangegangenen Errungenschaften, ohne die die späteren Erfindungen gar nicht möglich gewesen wären, wurden diese isoliert betrachtet.

Es war die *Anwendung* der Erkenntnisse der wissenschaftlichen Revolution im 16. und 17. Jahrhundert in Manufakturen,

---

[64] Patentiert von Thomas Savary (1650-1715).

was die Industrialisierung im 18. Jahrhundert letztlich ermöglichte. Astrologen priesen Uranus als den Planeten von Wissenschaft, Genie, Originalität und Logik, was aber tatsächlich Qualitäten und Motivationen waren, die zu der Periode *vor* seiner Entdeckung gehören.

Elektrizität ist ein gutes Beispiel dafür, wie dieses oberflächliche Verständnis der Fortschritte ihrer eigenen Zeit die Astrologen auf Abwege führte. Sie sagen, Uranus sei der Signifikator für Elektrizität, weil beide etwa gleichzeitig entdeckt wurden. Jedoch beschrieb William Gilbert (1544-1603) die Elektrizität erstmalig schon im Jahr 1600 in seinem Buch *De Magnete,* und er war es, der das wissenschaftliche Studium des Magnetismus begründete. Im 19. Jahrhundert kam es zur Umsetzung der Verbindung zwischen Magnetismus und Elektrizität, was zur Entwicklung des elektrischen Stroms führte. Faraday veröffentliche seine Gesetze der elektromagnetischen Induktion 50 Jahre nach der Entdeckung von Uranus. Er wandte dies dann auf den Dynamo und den Transformator an. Dies waren die beiden Erfindungen, die notwendig waren für eine ausgedehnte Erzeugung und Lieferung von Strom.

Es ist nicht ersichtlich, auf was sich die Astrologen stützen, wenn sie Elektrizität mit Uranus in Beziehung setzen. Aber bei dieser „neuen" Elektrizität hielt man es für angebracht, dass ein neuer Planet darüber herrscht. Das veröffentlichte Material liefert keinen einzigen Beleg für eine Diskussion über die Charakteristik dieser „neuen" Energieform. Es ist folglich nicht möglich zu beurteilen, ob sie jemals die Tatsache gut hießen, dass Elektrizität gänzlich aus fossilem Material gewonnen wurde, also „alte" Materialien, die üblicherweise unter die Herrschaft der „alten" Planeten fallen würden (so wird etwa Kohle von Saturn beherrscht). Einerlei wann die Elektrizität erfunden wurde, diese ist das Produkt eines früher schon existenten Brennstoffes, der in den Dampfkraftgeneratoren verwendet wurde. Das Endresultat, also elektrischer Strom, ist die Erzeugung einer natürlich vorkommenden Energieform. Da diese Energie heiß und trocken ist, sollte man diese der Sonne und dem Mars zuordnen. Beide bergen eine angemessene Symbolik in sich, denn die Sonne ist die

Quelle für Hitze und Licht, während der schwächere Übeltäter Mars über Blitz und Donner herrscht.

Luftfahrt und Raumfahrt wurden ebenfalls diesem Planeten zugewiesen, vielleicht weil der erste bemannte Flug 1783 in einem Ballon stattfand, den die Brüder Montgolfier starteten. Aber schon in einem flämischen Manuskript aus dem Jahr 1325 finden wir die erste bekannte Illustration eines an Fäden gezogenen Helikopters. Hitze und Wasserstoff bewirken das Aufsteigen des Ballons. Hitze und Wasserstoff sind nichts Neues, beide kommen zwar in der Natur vor, werden aber aus Dampf, Sauerstoff und Methan oder aus Dampf und Kohle erzeugt. Methangas entsteht bei der Zersetzung organischer Materialien bei fehlendem Sauerstoff und ist die Hauptkomponente von natürlichem Gas. Letzteres wurde unter anderem schon seit dem 2. Jahrhundert nach Christus zur Beleuchtung verwendet. Dies ist auch zur Erklärung der Raumflüge hilfreich, denn das größte Hindernis war das Fehlen eines Brennstoffes, der genügend Schubkraft erzeugen konnte, um die Rakete abheben zu lassen. Mit der Verwendung von flüssigen Gasen wie Sauerstoff oder Wasserstoff war dieses Problem überwunden.

Was also alles von der Symbolik von Uranus bleibt, ist die *Anwendung vorhandener wissenschaftlicher Erkenntnisse*, die in neuen Technologien mündete, die man mit Uranus in Verbindung brachte. Die moderne Wissenschaft hat die Elektrizität jedoch auf vielfältige Weise angewandt: Heizung, Beleuchtung sowie zum Antrieb moderner Haushaltsgeräte. Aber auch Feuer gibt uns Wärme oder spendet Licht, ebenso können Wind und Wasser unsere Geräte mechanisch betreiben. Wir dürfen nicht meinen, dass eine elektrische Zentralheizung sich grundlegend von einer Fußbodenheizung der Römer unterscheidet oder dass sich das Licht als solches verändert hätte. Ein Backofen brät Fleisch oder bäckt einen Kuchen, einerlei ob er mit Strom, Gas oder Holz erhitzt wird. Es mag unterschiedliche Wirkungsgrade geben, aber es besteht kein Unterschied *im Wesentlichen*. Elektrizität ist Energie, und diese gibt es auch im Horizont der traditionellen Planeten.

Auch Reisen ist eine Aktivität, die man sehr gut in der Symbolik der traditionellen Planeten Merkur und Mond wiederfindet.

Wie man diese Reise durchführt, ist nicht entscheidend, denn dabei geht es nur um das Vehikel, obwohl die Antriebskraft das Beförderungsmittel beschreiben kann. Die alten Segelschiffe waren von der Windkraft oder der Luft abhängig. Die Raketen, welche das Raumfahrzeug über die Erdanziehungskraft heben, werden von einer Kraft betrieben, die im Wesentlichen aus Luft und Hitze besteht. Das Außergewöhnliche und die Gefahr eines Raumfluges spiegeln sich exakt in den Forschungsexpeditionen früherer Jahrhunderte. War nicht der Fußabdruck des ersten Europäers auf amerikanischem Boden von ebenso großer Tragweite wie der erste Schritt eines Menschen auf der Mondoberfläche?

Computer führen mathematische Berechnungen aus und dies geschieht mit Hilfe von Elektronik und Elektrizität. Mathematische Berechnungen fallen unter die Schirmherrschaft von Merkur. Ob mit einem Abakus oder mit einem Computer ausgeführt, es bleibt eine merkurische Tätigkeit. Wissenschaft ist merkurisch, weil sie vom Intellekt kommt, und es ist dabei nicht von Bedeutung, auf welchem Gebiet diese Wissenschaft angewandt wird. Technologie ist angewandte Wissenschaft und insofern nicht neu. Die Druckerpresse war einst sehr modern. Astrologie ist eine Wissenschaft im breitesten Sinn des Wortes und mit dem Intellekt verbunden. Folglich wird sie von Merkur regiert.

Die dem Uranus zugeschriebene Symbolik des Genies und der Originalität scheint zum Teil aus diesen wissenschaftlichen Fortschritten und Erfindungen extrapoliert zu sein. Die Zeit, in der die theosophischen Astrologen in derart überzeugten Begriffen über Uranus schrieben, war von einer ebensolchen Selbstsicherheit in den Wissenschaften geprägt. Die zeitgenössische Wissenschaft wurde als der Höhepunkt der intellektuellen Errungenschaften angesehen.

> *„Wir stehen an einer Schwelle (und hoffen, dass unsere Zivilisation überleben wird) in ein neues Zeitalter ... Dies ist ein demokratisches Zeitalter, aber es ist auch ein wissenschaftliches Zeitalter."*[65]

---

[65] Raymond Harrison. *The Measure of Life.* London 1937, S. xiii.

Wie wir noch sehen werden, wurde Originalität zum Schlagwort für die Astrologen, und es gedieh zur treibenden Kraft bei der Suche nach astrologischer (oder in ihren Worten uranischer) Vortrefflichkeit.

Der Drang nach Originalität und der Wunsch nach wissenschaftlicher Anerkennung gingen manchen Weg, um die oftmals wiederholte Anweisung zu erklären, man möge die astrologische Symbolik und Methode anhand persönlicher Erfahrung und Praxis beurteilen. Auf den ersten Blick scheint dies eine sehr vernünftige Anweisung zu sein und ganz und gar die Tradition aufrecht zu erhalten. Bei näherem Hinsehen wird allerdings ersichtlich, dass die persönliche Meinung als Regel akzeptiert wurde, ohne einen Verweis auf die überlieferten Quellen oder Prinzipien. Der wissenschaftliche Grundsatz des Experimentierens wurde nur oberflächlich verstanden. Die damaligen Astrologen haben sich kaum an das Prinzip gehalten, eine Theorie durch ein Experiment oder Erfahrungen zu überprüfen. Infolgedessen waren die Ergebnisse substanzlos und nicht schlüssig.

Der Ouranos-Mythos

Der bekannteste mit Uranus verbundene Mythos ist jener vom Gott des Himmels, dessen Frau Gaia, die Erde, war. Kronos, der später mit Saturn assoziiert wurde, war deren jüngster Sohn und der einzige, der bereit war, seine Mutter vor Ouranos zu schützen. Er tat dies, indem er seinen Vater kastrierte und an den Himmel verpflanzte.[66] Astrologen erklären oft, dass dies den uranischen Impuls zur Rebellion anzeige[67], dabei scheint aber in Vergessenheit zu geraten, dass gerade Saturn die Aktion gegen die „etablierte Autorität“ in Uranus unternahm, und er tat dies als Antwort auf das Ersuchen seiner Mutter nach Hilfe, und *nicht*

[66] Pierre Grimal. *The Dictionary of Classical Mythology*, trans. A.R. Maxwell-Hyslop, Oxford, 1987.

[67] Charles and Suzy Harvey. *Principles of Astrology*, London 1999, S. 87.

in Auflehnung gegen seinen Vater. Kronos oder Saturn wurde dadurch zum Herr über Himmel und Erde, bis er von seinem Sohn Zeus (Jupiter) gestürzt wurde.

Es deutet alles darauf hin, dass die Astrologen diesen Mythos später übernommen haben. Dass er fälschlicherweise angewandt wurde, zeigt umso mehr die Macht des gedruckten Wortes. Dieser Fehler wurde fortgeführt, da nur wenige seine Richtigkeit in Frage stellten und sich auf die Vertrauenswürdigkeit der Autoren verlassen haben.

Theosophische Lehre

Erziehung, ebenso die Verbreitung von Wissen, Ideen und Logik sowie Wissenschaft und Technik gehören zu Merkur. Es ist klar, dass die theosophischen Astrologen sich der überlieferten Symbole bewusst waren, und dass sie diese akzeptierten:

> *„Alte Astrologen haben genau die Wirkung jedes Planeten beschrieben; und offenbar hatten sie wissende Lehrmeister; denn wie schon gesagt, hat alles Studium und alle Praxis moderner Astrologen ergeben, dass vor allem, was die Natur der Planeten betrifft, die Angaben der ihrer Vorgänger fast ganz zutreffen."*[68]

Es hat sie allerdings nicht daran gehindert, Uranus die Entsprechungen Merkurs zuzuweisen. Dies würde selbstverständlich Probleme bei der astrologischen Deutung nach sich ziehen, denn es wäre unmöglich, die Aktivitäten der beiden Planeten zu unterscheiden. In dem folgenden Zitat wird dies wortkarg angedeutet. Zwar ist der Verfasser an dieser Stelle vorsichtig in Bezug auf die Natur von Uranus und Neptun, diese Zurückhaltung wird aber sofort im Anschluss (und an anderen Stellen) durch lange Erklärungen ihrer Einflüsse konterkariert.

> *„Man kann wohl behaupten, dass die den verschiedenen Planeten entsprechenden Temperamente den Astrologen ganz geläufig sind;*

---

[68] Alan Leo. *Die Deutung des Horoskops.* Leipzig 1929, S. 47.

nur bei Uranus und Neptun ist das nicht der Fall. Von ersterem ist noch mehr bekannt als von letzterem, aber soweit wir bisher schon Erfahrung haben, scheinen Uranus und Neptun die beiden Extreme eines Temperaments zu repräsentieren, das wir aus Mangel an einem besseren Ausdruck als das „spirituelle" bezeichnen können."[69]

Hier sehen wir, wie Merkur und Uranus geschildert wurden: Die sieben klassischen Planeten bildeten die Grundlage der „exoterischen" oder „materialistischen" Astrologie, während die neuen Planeten Teil des „esoterischen" oder „spirituellen" Systems waren, auf das die theosophischen Astrologen ihren besonderen Nachdruck legten.

Diesen Schwerpunkt sieht man eindeutig in den Werken von Alan Leo und er findet sich auch implizit in den Werken derjenigen, die nach ihm kamen.

„Eine Zeit lang bewahrte Griechenland die alte Tradition, aber allmählich verlor sie bei ihnen ihren wissenschaftlichen Charakter, und die Lehre verdarb allmählich so, dass man in den uns bekannten Autoren nur noch wenig Spuren der Weisheit findet. Den Römern aber blieb es schließlich überlassen, auch die letzten Spuren einer esoterischen Auffassung der Astrologie zu verwischen. Trotz starken Widerstands der Behörden stand zwar die exoterische Form der Astrologie im Beginn des römischen Kaiserreichs in Blüte, aber infolge ihrer Verwendung zu politischen Zwecken sank sie immer mehr zur Wahrsagerei herab, bis man fast nur noch Stundenhoroskope stellte. ... Bei allem schuldigen Respekt vor modernen Forschern, die die Astrologie in ernster Arbeit verfochten haben, muss man sagen, dass ihr Arbeiten zu sehr mit Stundenastrologie durchsetzt war, und dieses System ist mit dem von den Weisen des Ostens gelehrten Methoden der astrologischen Praxis nicht zu vergleichen."[70]

Der „esoterischen" Astrologie wird nach der theosophischen Lehre eindeutig der Vorzug gegeben, ja sogar eine Überlegenheit gegenüber dem, was sie als „exoterisch" bezeichnen, zugeschrieben. Es ist an diesem Punkt der Vermischung von angewandten

---

69 Alan Leo. *Die Kunst der Synthese*. Leipzig 1930, S. 4.

70 Alan Leo. *Astrologie für alle*. Leipzig 1928, S. 2 f.

Symbolen schwierig, dogmatische Motive von ungenügendem und voreingenommenen Wissen und Verständnis zu unterscheiden.

Um also die Bedeutung Merkurs von derjenigen des Uranus zu unterscheiden, muss man zunächst akzeptieren, dass Uranus ein Planet von „esoterischer" oder „spiritueller" Wichtigkeit ist. Hat man dies erst einmal getan, muss man auch den Begriff der „Oktavausprägung" gelten lassen. Uranus wird als die „höhere Oktave" von Merkur angesehen. Wo Merkur über den Intellekt herrscht, herrscht Uranus über den Genius. Wo Merkur über die Kommunikation herrscht, herrscht Uranus über die Kommunikation der „höheren" Prinzipien.

> *„Unter „Oktavausprägung" ist selbstverständlich eine sublimiertere, eindringlichere, geläutertere und feinere Art der Emanation dessen zu verstehen, was auf der niederen Ebene der Offenbarung ähnliche Konstitution und Qualität besitzt. Die Essenz, vielleicht sogar die Quintessenz, kehrt wieder, genauso wie die Oktave eines musikalischen Tones von diesem nicht radikal verschiiden ist, sondern nur eine höhere Schwingungszahl besitzt, die in aufeinanderfolgenden Oktaven so rasch und so hoch werden kann, dass nur das schärfste und höchstentwickelte Ohr überhaupt noch einen Ton wahrnehmen kann."*[71]

Folglich wirkt Uranus, beziehungsweise sein Einfluss „reagiert" auf einer fortgeschritteneren Stufe der Evolution.

> *„Es wurde angeregt, dass sowohl Uranus als auch Neptun die spirituellen Korrespondenten oder Gegenstücke zu Merkur und Venus sind – z.B. soweit deren Einfluss sich auf menschliche Angelegenheiten bezieht. Dies ist ziemlich in Übereinstimmung mit der astrologischen Erfahrung und kann der Grund dafür sein, dass Uranus Exzentriker in der intellektuellen Welt und Neptun Exzentriker in der Welt der Kunst hervorbringt. Sie sind vermutlich in Kontakt mit geistigen und emotionalen Bestandteilen, die mit den eher mundanen Kategorien von Venus und Merkur unvorstellbar sind."*[72]

---

[71] Alan Leo. *Die Kunst der Synthese*. Leipzig 1930, S. 179.

[72] Sepharial (William Gorn Old). *The Manual of Astrology*. London, überarbeitete Ausgabe 1962, S. 16.

Exzentrizität, Originalität und Unabhängigkeit werden als neue Qualitäten angesehen, die nicht zum „Siebenerschema“[73] der traditionellen Planeten gehören. Diese Eigenschaften, die zu ihrem eigenen Zeitalter gehörten, konnte nur ein neuer Planet angemessen zum Ausdruck bringen - was aber niemand daran hinderte genau diese „uranischen“ Qualitäten auch auf die Menschen der vorangegangenen Jahrhunderte anzuwenden.

Das Problem dabei blieb allerdings die Frage, wie man diejenigen identifizieren konnte, die auf die Einflüsse der neuen Planeten korrekt reagierten.

> *„Die Hauptschwierigkeit der Astrologie liegt vermutlich in der Tatsache, das wir aufgrund unserer derzeitigen Kenntnisse nicht wissen können, welche Seite eines bestimmten Einflusses sich manifestieren wird; und dies passt besonders zu den eher weiter entfernten Himmelskörpern, die jenseits unserer gegenwärtigen Norm der Entwicklung liegen. Ein dominanter Uranus könnte mechanische, wissenschaftliche oder inspirative Genialität bedeuten. Oder auf einer niedrigeren Ebene Unabhängigkeit der Weltanschauung, die in intellektueller oder praktischer Richtung zum Ausdruck gebracht wird, wie z.B. in einer geschäftlichen Initiative ... oder er kann einen Mangel an Kontrolle oder Exzentrizität anzeigen, besonders wenn er im Aufstieg ist oder anderweitig stark gestellt ist in einem schwachen Horoskop“.*[74]

Auf diese Probleme wurde nie eine klare Antwort gegeben. Sie klammerten sich an das Bestreben, dass die Astrologen der Zukunft aufgrund ihrer Erfahrungen die Lösungen finden werden. Wir sehen auch hier wiederum die Anweisung, dass nur die Erfahrung der einzige wahre Lehrer sein kann.

> *„Es können plötzliche und unerwartete Ereignisse eintreten und auf eine ganz neue Art wirken, sodass es unmöglich ist, genau zu beurteilen, wie seine Strahlen wirken.“*[75]

Es wird nie die Frage nach der Gültigkeit der Symbolik von Uranus gestellt, ebenso wenig ob man ihn überhaupt in das astrolo-

---

[73] Raymond Harrison. *The Measure of Life.* London 1937, S. 21.

[74] Raymond Harrison. *The Measure of Life.* London 1937, S. 268.

[75] Alan Leo. *Die Deutung des Horoskops.* Leipzig 1929, S. 59.

gische System aufnehmen soll. In diesem Fall ist der Planet selbst verantwortlich für die Unfähigkeit des Astrologen, seine Wirkungsweise vorherzusagen. Die brüchige Logik wird einfach einer Vortäuschung von Mystizismus untergeordnet. - Alan Leo fährt fort:

> *„Es steht jetzt fest, dass die Alten den Uranus gekannt haben. Aber doch nur diejenigen, die von der Durchschnittsmenschheit weit entfernt waren wie die Pole, gerieten unter seinen Einfluss, und zwar aus einem okkulten und esoterischen Grunde, auf den ich hier nicht näher eingehen kann."*[76]

Die Gründe für diese Gewissheiten kommen nicht zum Vorschein, aber dies schreckt weder Alan Leo noch die anderen theosophischen Autoren ab, weiterhin ähnliche Argumente vorzutragen, um damit ihre astrologischen Systeme zu unterstützen. Das Problem wurde durch die Tatsache erklärt, dass Uranus in der damaligen Zeit generell nur einen schwachen Einfluss habe, er war der Planet einer erst noch kommenden Menschenrasse.

> *„Es gibt jedoch eine Einschränkung oder Motivation, die die allgemeine Anwendung dieser Entsprechung unmöglich macht. Da nämlich die beiden Planeten heutigen Tages nur in verhältnismäßig wenigen Menschen wirklich evident sind oder ihr eigentliches Wesen sich nur dann ausprägen und ausleben kann, wenn das Ich ihre Entwicklungsstufe erreicht hat, so folgt daraus, dass bei der großen Masse der Menschen durch Unwissenheit und Missbrauch eine „Umwandlung" oder „Verdrängung" eintritt; denn die göttliche und die menschliche Natur liegen da im Kampfe miteinander. In solchen Fällen ist es sicher, dass Zeichen und Planet nicht übereinstimmen und harmonieren, und dass die wahre Zeichenherrschaft (Uranus – Wassermann, Neptun – Fische) verworren und dunkel bleibt.*[77]

Es ist eindeutig, dass es ihnen nicht möglich war, Uranus zufriedenstellend zu deuten, denn die ihm zugewiesene Symbolik funktionierte in der Praxis nicht. Dies wird allerdings nie zugegeben, sondern nur nebenbei erwähnt.

---

[76] Ebenda, S. 59.

[77] Alan Leo. *Die Kunst der Synthese*. Leipzig 1930, S. 178 f.

Der nächste Schritt war, Uranus in das Schema der Herrschaft der Planeten in den Tierkreiszeichen zu integrieren. Ein gewisses Zögern ist erkennbar, obwohl dieses nicht von langer Dauer gewesen zu sein scheint:

> *„Die Herrschaft des Uranus ist unklar, denn er hat kein eigenes Zeichen, obwohl er am erfolgreichsten ist, wenn er in der Luft-Triplizität platziert ist."*[78]

Die Probleme vervielfachten sich, sobald man Uranus eine Zeichenherrschaft zuwies. Es war nicht nur nötig, zwischen „höheren" und „niedrigeren" Themen für Merkur und Uranus zu unterscheiden. Vielmehr kam noch hinzu, dass man auch unterscheiden musste zwischen Wassermännern, die von dem traditionellen Herrscher Saturn regiert wurden, und Wassermännern, die dem neuen Herrscher Uranus unterstanden. Nachdem man sich schon mit dem Problem der „höheren und niedrigeren Oktaven" befasst hatte, war es nur noch ein kleiner Schritt, um die unliebsamen Verstrickungen Saturns zu bewerkstelligen

> *„Bei den hochentwickelten Seelen, die man in den Reihen der Astrologen, Theosophen und Okkultisten, der Schöpfer spiritueller Ideen jeder Richtung findet, werden die beiden entferntesten Himmelskörper unseres Sonnensystems, Uranus und Neptun, sicherlich die Zeichen Wassermann und Fische beherrschen."*[79]

Es ist nicht sehr überraschend, dass man sich selbst zu den „hochentwickelten Seelen" rechnete. Die theosophischen Astrologen hatten auch keine Bedenken, die neu entdeckten Planeten auf das Herrschersystem auszuweiten und dazu die bestehende Ordnung, falls erforderlich, zum Zwecke der Anpassung zu verändern. Alan Leo hatte seine Leser schon in früheren Werken[80] darüber unterrichtet, als noch keine Zeichenherrschaft für Uranus und Neptun entschieden war, dass diese als Ersatz für Sonne und Mond akzeptiert werden sollen.

---

78 Sepharial (William Gorn Old). *The Manual of Astrology.* London, überarbeitete Ausgabe 1962.

79 Alan Leo. *Die Kunst der Synthese.* Leipzig 1930, S. 179.

80 Alan Leo. *Die Deutung des Horoskops.* Leipzig 1929, S. 46.

„Eine Zeitlang glaubte man, daß Uranus und Neptun die Zeichen Wassermann und Fische beherrschen, wurde aber intuitiv nie recht darüber klar."[81]

Wiederum wird die Intuition höherwertiger angesehen als direkte Untersuchung oder Nachdenken. Keine Zweifel oder Fragen wurden darüber erhoben, dass diese Behauptungen im Kontext der theosophischen Astrologie gefällt wurden, welche die Intuition für eine in dieser Angelegenheit passende Forschungsmethode hielt.

Uranus wies man dem Wassermann als Herrscher zu, weil man sagte, dass er die „höhere Oktave" des Merkur sei. Alan Leo schreibt: *„Merkur soll seine Erhöhung im Wassermann haben, dem Hause des Uranus"*[82], folglich wurde Uranus im Zeichen von Merkurs Erhöhung platziert. Dem alten Herrscher Saturn wurde zugestanden, dass er eine gewisse Herrschaft beibehalten kann, jedoch nur über diejenigen von geringerem Rang:

„... während bei einigen Wassermännern der beschränkende Einfluss von Saturn noch immer präsent ist, nimmt bei anderen der höhere Aspekt vom Einfluss des Uranus Stellung ... und diejenigen, die am wenigsten darauf vorbereitet sind, auf die höheren Gesichtspunkte zu reagieren, werden umso mehr unter den beengenden Einfluss Saturns geraten. Selbst in den entwickelteren Wassermännern werden einige Facetten von Saturns Einfluss zum Tragen kommen. ... wo der saturnische Anteil noch immer dominant ist, mögen die Motive vollkommen materiell und selbstsüchtig ausgerichtet sein – und im besten Falle werden diese praktisch und saturnisch sein, auch wenn sie von uranischen Idealen inspiriert sind. ... Man wird in diesem Zeichen sehr unterschiedliche Typen vorfinden: unkonventionelle (Uranus) ebenso wie konventionelle (Saturn)."[83]

Ein mit der Sonne in Wassermann Geborener konnte entweder uranisch oder saturnisch sein, jeweils abhängig von der Stufe seiner evolutionären Entwicklung. Oder er konnte beides zugleich sein, was wenig Platz für Fehler ließ, die man hätte

---

[81] Alan Leo. *Die Kunst der Synthese*. Leipzig 1930, S. 178.

[82] Ebenda S. 179.

[83] Raymond Harrison. *The Measure of Life*. London 1937, S. 52.

zugeben müssen. Da niemand wirklich wusste, wie man die mehr oder weniger entwickelten Ränge mit den neuen Planeten assoziieren sollte, war der Astrologe seiner Verantwortung entbunden, wenn er einen Geborenen nicht korrekt beschrieb.

> *„Diese Herrschaften [der Zeichen] sind nicht nur auf Traditionen begründet, sondern wurden aufgrund von Beobachtungen gefunden."*[84]

Die erwähnte „Tradition" wird nie offenbart, aber es handelt sich nicht um die westliche Tradition der Vorhersage. Angesichts der geringen Achtung, die man der Astrologie früherer Jahrhunderte entgegenbrachte, wäre es in der Tat sehr überraschend gewesen, hätte man überhaupt eine ältere Vorgehensweise befolgt. Mit der wiederholten Erwähnung der „Beobachtung" oder der „Erfahrung" wird beabsichtigt, eine wissenschaftliche Grundlage für die eigenen Aktivitäten zu schaffen. Aber dabei scheint in Vergessenheit geraten zu sein, dass es der eigenen „Beobachtung" und „Erfahrung" daran mangelte, ein allgemein verlässliches System ober eine Symbolik für Uranus bereitzustellen, die sich in der Praxis widerspruchsfrei anwenden ließ.

Eine einfache Untersuchung historischer Ereignisse wird diese Kommentare belegen. Weltraumforschung und Raumfahrt wurden ganz eindeutig Uranus zugewiesen, so dass man ihn in damit zusammenhängenden Horoskopen an besonders prominenter Stelle erwarten dürfte. Das erste Beispiel hierzu ist das Horoskop für den Start des ersten künstlichen Satelliten Sputnik I, der den Beginn der Raumfahrt markiert.[85]

Uranus ist keineswegs herausragend gestellt, er empfängt aber Sextile von den Planeten in der Waage und ein Trigon von Saturn im Schützen. Noch entscheidender ist die Stellung des Mondes im 7. Haus im Luftzeichen Wassermann. Dies beschreibt Reisen (Mond steht für Reisen) mit der Luft (Wassermann).

---

[84] Ebenda, S. 27.

[85] Nicholas Campion. *Buch der Welthoroskope.* Wettswil 1991. Das Horoskop hier wurde mit Regiomontanus-Häusern berechnet.

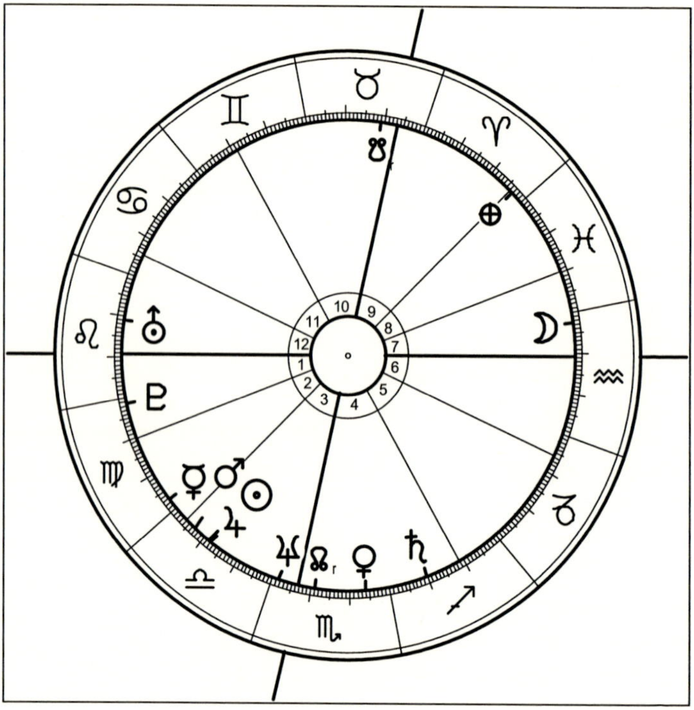

Abbildung 9:
Sputnik 1, 4. Oktober 1957, 21:00 Uhr GMT ,Baikonur (47°N 50', 66°O 03')

Auch Venus und Saturn stehen in Eckhäusern, aber dieses Horoskop bezieht sich auf den Start eines Satelliten, so dass wir uns nach etwas umschauen sollten, das *über* dem Horizont steht.

Die Sonne als Herrscherin des aufgehenden Zeichens sollte ebenfalls untersucht werden als ein Signifikator für den Satelliten. Sie wird von der Venus disponiert, der Herrscherin des Luftzeichens Waage, das am Grunde im 4. Haus steht. Venus repräsentiert also diejenigen, die den Flug des Satelliten kontrollieren.

Die Beteiligung von Mars und Jupiter durch die Konjunktion mit der Sonne beschreibt das Antriebssystem (Sonne und Mars), welches die Rakete abheben ließ und diese von der Anziehungskraft der Erde befreite (Jupiter). Der Mond selbst befindet sich im

Leerlauf[86], das heißt demnach, dass der Satellit seine Reise nicht zu Ende bringen wird: Es war keine Rückkehr zur Erde vorgesehen. Uranus dagegen liefert keine vergleichbar kraftvollen Beschreibungen.

Da es sich um das Horoskop für dem Beginn des Raumzeitalters handelt, hat Uranus sogar noch weniger zu sagen, denn er steht in einem fallenden und unglücklichen Haus. Da wir den Mond in den letzten Graden des Zeichens und im Leerlauf vorfinden, können wir die Vorhersagen der Wissenschaftler und Politiker anzweifeln, ebenso die angebliche Nützlichkeit der Raumforschung. Nachdem die ersten Menschen auf dem Mond gelandet waren, kann man sich die Frage stellen, wie es mit der Raumfahrt weitergehen könnte. In dem Horoskop finden wir Merkur in der Jungfrau und im 2. Haus, sowie Mars, Sonne und Jupiter im 3. Haus in einem Luftzeichen. Den größten Gewinn zieht die Menschheit aus der Raumfahrttechnik, die uns u.a. große Fortschritte im Bereich der Kommunikation gebracht hat.

Zwar ist das Datum dieses Horoskops nicht gesichert, da die Russen den Abschuss erst am folgenden Tag bekannt gaben. Falls er der Signifikator für alles im Zusammenhang mit der Raumfahrt ist, müsste Uranus eigentlich mehr Informationen hergeben.

Es wird angenommen, dass die Raumforschung im Jahr 1903 ihren Anfang nahm, als der russische Physiker Ziolkowski die Verwendung von flüssigem Raketentreibstoff vorschlug. Im gleichen Jahr gelang den Gebrüdern Wright der erste bemannte Flug, der zwölf Sekunden dauerte.

Das Horoskop in Abbildung 10 zeigt uns Uranus im 11. Haus, womit er zwar besser gestellt ist als im vorangegangenen Horoskop, aber dennoch ist seine Position bei diesem folgenschweren Ereignis eher wenig prominent. Auch hier sehen wir, dass die herausragende Stellung des Mondes wiederholt wird, diesmal im 10. Haus. Falls Uranus der Signifikator für die Luftfahrt ist, würde man ihn so stark konstelliert wie den Mond erwarten.

---

[86] Er bewegt sich vor Überschreiten der Zeichengrenze nicht mehr mit einem Hauptaspekt auf einen anderen Planeten zu.

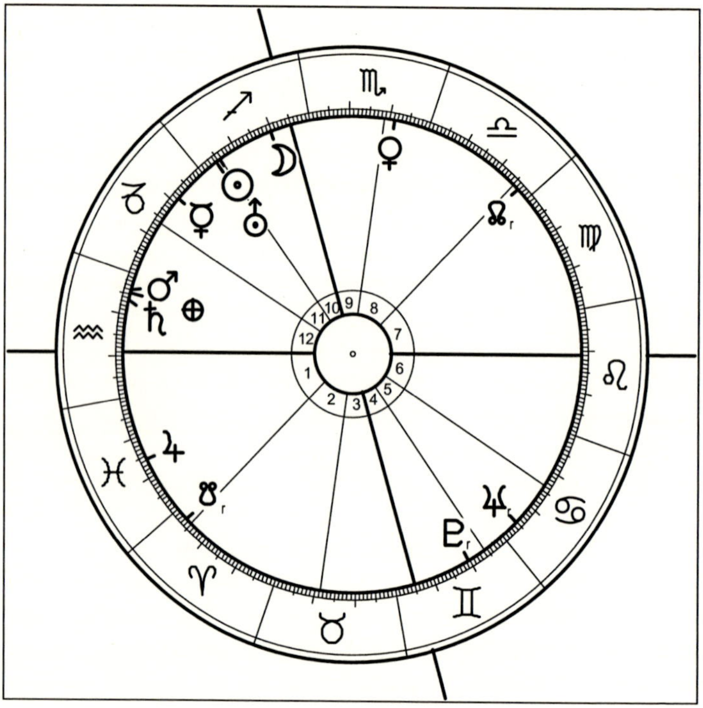

Abbildung 10: Erster motorisierter Flug der Gebrüder Wright: 17. Dezember 1903, 10.35 EST, Kitty Hawk MC, USA (75° W 39', 36° N 01')

Saturn herrscht über den Aszendenten, und somit ist er auch repräsentativ für die Luftfahrt und ihre Passagiere. Er steht im Luftzeichen Wassermann. Saturn ist nur knapp über dem Horizont und beschreibt die zu geringe Flughöhe. Die Stellung in einem fixen Zeichen ist nicht günstig für Reisen, denn das verlangsamt den Schwung, es passt aber sehr gut zu einem Flug von nur zwölf Sekunden Dauer.

Ein falsches Verständnis des astrologischen Systems

Wir müssen die erste Motivation zur Einrichtung einer „neuen" und „wissenschaftlichen" Astrologie näher betrachten. Die Methode zur Erlangung dieses Ziels waren subtraktiv. Auf der Suche nach einer wissenschaftlichen Grundlage für die Astrologie wurde alles, was nicht „rational" war, als Aberglaube ausgelegt. Die Wissenschaft stellte die erforderliche Handlungsfreiheit zur Verfügung: Übernommen wurde der wissenschaftliche Weg, etwas mittels Experiment und Erfahrung zu beweisen und all das in Frage zu stellen, was früher schon vorhanden war. Wie schon erwähnt, ist dies explizit in den Werken der theosophischen Astrologen zu finden:

> *„Aber Experimente im großen Maßstab brachten die Erfahrung und die Tatsachen, die den Wert des Progressionshoroskops als Mittel zur Modifizierung, Entfaltung und Verbesserung des Horoskops bewiesen."* [87]

Alan Leo diskutiert seine neue Methode zur Direktion des Horoskops, aber wie auch an anderer Stelle, verwendet er eine Sprache von wissenschaftlicher Genauigkeit, bleibt jedoch den Beweis für eine wissenschaftliche Grundlage schuldig.

Das erklärte Ziel zur Veränderung kombiniert mit einem Mangel an astrologischem Verständnis - denn die theosophischen Autoren lassen erkennen, dass sie viele der überlieferten Techniken nicht verstanden - ebnete den Weg für den Bruch mit der Tradition. Es war nun möglich, bestimmte astrologische Techniken zu untersuchen und andere abzulehnen, sobald man diese aufgrund der eigenen Erfahrung nicht für effektiv hielt. Es wurde wenig unternommen, um die Gültigkeit der Erfahrung zu bestätigen oder die subjektiven Einflüsse zu minimieren. Alle Einwände wurden im Namen der „persönlichen Erfahrung" unterdrückt, was bis zum heutigen Tag anhält.

---

[87] Alan Leo. *Das Progressive Horoskop*. Leipzig 1930, S. 26.

Das zentrale Missverständnis bezog sich auf die Unterscheidung zwischen Tag- und Nachtplaneten[88]. Zwar ist das folgende Beispiel einem der ersten Bücher über Pluto entnommen, aber der Autor erklärt, wie die Planeten zu ihrer Herrschaft gekommen sind:

> *"Saturn ist ein Erdplanet und beherrschte früher ein irdisches und ein Luftzeichen. Das seiner Grundnatur entsprechende irdische Zeichen Steinbock wurde ihm belassen, während er das luftige Zeichen Wassermann an den luftigen Planeten Uranus abtreten musste. (Die meisten neueren Autoren bezeichneten Uranus als luftig, genau genommen ist er aber ein Erd-Luftplanet; denn er wirkt materiell-geistig und hat als erster der jenseitigen Planeten die Aufgabe, die Materie zu vergeistigen, das Erdgebundene des Saturnzeichens Steinbock durch sein Zeichen Wassermann zu lösen und zu befreien. So oft daher Saturn im Zeichen Wassermann steht, kämpft er um seine Herrschaft."*[89]

Brunhübner passt das Element des Planeten dem Element des Zeichens an, was im Widerspruch zum System steht. Saturn ist ein erdiger Planet, aber dies ist nicht - wie oben schon erwähnt - der eigentliche Grund dafür, dass er im Steinbock herrscht. Der Autor fährt fort mit Jupiter, der seiner Meinung nach ein feuriger Planet ist, der früher im Feuerzeichen Schütze und im Wasserzeichen Fische herrschte. In dem neuen Schema behält Jupiter die Herrschaft im Schützen, während den Fischen der wässrige Neptun zugeordnet wird. Tatsächlich ist Jupiter aber ein Luft-Planet und passt von daher bezüglich der Elemente weder zum Schützen noch zu den Fischen.

Es ist nicht nötig, an dieser Stelle mit all den anderen Planeten und Zeichen fortzufahren. Unfähig, das klassische Herrschersystem zu verstehen, und darauf festgelegt, Uranus in das System einzupassen, wurde die Unterscheidung in Tag- und Nachtplaneten verworfen. Es war eine Frage der Zeit, denn möglicherweise gehörten irgendwann zehn Planeten zu unserem Sonnensystem, und man konnte jedem Zeichen einen eigenen Planeten zu-

---

[88] Vgl. Anmerkung 6.

[89] Fritz Brunhübner. *Der neue Planet Pluto.* Berlin, 3. Aufl. 1952, S. 16.

ordnen. Hier erkennen wir, wie man anfing, etwas hinzuzufügen, weil das Prinzip der Ausschließung allein nicht funktionierte. Und in dem folgenden Zitat nimmt die Verwirrung durch das Hinzufügen von Einzelheiten vollends ihren Lauf:

> *„Also auf alle Fälle mus den fünf alten Planeten das Zeichen zugehörig bleiben, das das gleiche Element hat wie sie. Die neueren Planeten (von Uranus beginnend) übernehmen einen Teil der Eigenschaften der alten Planeten, und zwar denjenigen Teil, der dem jeweils von diesen abzutretenden Zeichen entspricht. Also es übernimmt Uranus die Wassermann-Eigenschaften des Saturn, Neptun die Fische-Eigenschaften des Jupiter u.s.f. Deswegen wird man die alten Planeten noch nicht aus den Zeichen, die sie abtreten, vollends hinauswerfen, sondern sie als Mitherrscher beibehalten. Erst wenn alle zwölf Planeten bekannt sind, wird man jedem nur ein einziges Zeichen endgültig zubilligen."*[90]

Aus diesem Zitat wird ersichtlich, dass die neuen Planeten die Symbolik der Zeichen aufnahmen, auch wenn dies an sich schon irrtümlich ist. In dem Zitat davor wurde gesagt, dass Saturn Wassermann-Qualitäten hat, während tatsächlich das Gegenteil der Fall ist. Wie schon beschrieben, hat Wassermann bestimmte anschauliche Eigenschaften, eine davon ist die Herrschaft von Saturn. Wassermann ist saturnisch - der Autor dagegen schreibt, Saturn sei wassermännisch.

Wenn wir dies zusammen mit dem falschen Verständnis der Analogie von Zeichen und Häusern sehen, dann ist die Verwirrung komplett. Die Methode war folgende: Wenn Wassermann im 11. Haus herrschte, da er das 11. Zeichen ist, dann herrschte Uranus als Mitherrscher des Wassermanns auch im 11. Haus. So wurde Uranus das Stichwort Freundschaft zugewiesen. Auf der anderen Seite nahm das Zeichen Wassermann die uranische Symbolik von Menschenfreundlichkeit, Reform und Menschlichkeit an. Dies wurde nun über die Bedeutung der Freundschaft für das 11. Haus auf die Herrschaft von Gruppen und Gruppenaktivitäten ausgeweitet. Wieder von Saturn entlehnt wurde Uranus zum Herr über Scheidung und Trennung.

---

90 ebenda, S. 17.

So wurden Wassermann, das 11. Haus, Saturn und Uranus allesamt zum Symbol für die gleichen Dinge. In der Praxis wird das Durcheinander noch größer, wenn das 11. Haus nicht den Wassermann an seiner Spitze hat. Steht etwa Widder im 11. Haus, dann lassen sich Freunde durch Widder deuten, dessen Herrscher Mars, einen Planeten im 11. Haus, das Zeichen Wassermann, jeden Planeten in diesem Zeichen, Uranus, das Zeichen in dem Uranus steht, eventuell auch durch Saturn und sein Zeichen. Letzteres ist heutzutage eher unwahrscheinlich, da Uranus allgemein meist als einziger Herrscher des Wassermanns angenommen wird.

Das folgende Horoskop[91] (Abbildung 11) eines Zugunglücks und dessen Beschreibung demonstriert, wie all dies in der Praxis aussieht. Wir haben gesehen, wie bestimmte astrologische Prinzipien verworfen wurden und wie Uranus stattdessen in das Herrschersystem eingefügt wurde. Dieses Horoskop zeigt die Resultate dieser Veränderungen.

Dieses Horoskop wurde vorgestellt neben einer Erwähnung eines ähnlichen Unfalls in Edinburgh. Der einzige astrologische Kommentar besagte, dass Uranus im 3. Haus steht. Allerdings ist Saturn im 1. Haus die herausragendste Position. Das 1. Haus repräsentiert den Zug und dessen Passagiere. An der Spitze des 1. Hauses steht Jungfrau, so dass Merkur Herr des 1. Hauses ist. Merkur befindet sich in enger Konjunktion mit dem ungünstigen südlichen Mondknoten im 3. Haus der Reisen.[92] Die beiden stärksten und offensichtlichsten Argumente im Zusammenhang mit diesem Ereignis wurden zugunsten von Uranus gar nicht herangezogen. Zu dem Unfall in Edinburgh gab es keine weiteren Kommentare, vermutlich weil bei diesem Ereignis Uranus nicht im 3. Haus stand.

---

[91] *The Astrologer's Magazine,* London, January 1891, Vol. 1 No. 6, S. 135. Das Horoskop wurde mit Regiomontanus-Häusern berechnet.

[92] Dieses Horoskop wurde auch nach der Methode Alcabitius, Campanus, Morinus, Placidus und Porphyrius berechnet. Lediglich die Regio-montanus-Häuser ergaben Uranus im 3. Haus. (Die 5°-Regel erlaubt, alle Planeten oder Punkte 5° vor der Hausspitze in das nächste Haus zu rechnen.)

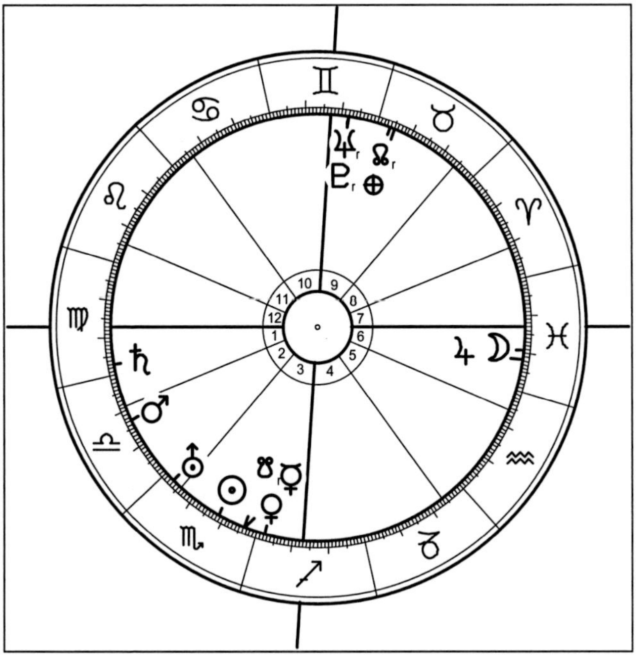

Abbildung 11:
Zugunglück 11. November 1891, 1:40 GMT, Taunton GB
(51° N 01, 3° W 06′)

Es ist eindeutig, dass die Astrologen des ausgehenden 19. Jahrhunderts, allen voran die Mitglieder der Theosophischen Gesellschaft, ein neues astrologisches System schaffen wollten, das paradoxerweise angeblich von den Chaldäern stammte. Durch den übereilten Wunsch, dem Wissenschaftsbetrieb zu beweisen, dass die Astrologie auch eine Wissenschaft sei, erkannten sie nicht, dass es ihnen an der akademischen Exaktheit mangelte. Nachdem sie alle Erwägungen über die astrologische Richtigkeit beiseite geschoben hatten, verloren sie schnell an Boden in der akademischen Welt. Man scheint die Entwicklungen, die zu politischen Ereignissen und wissenschaftlichen oder technischen Fortschritten führen, nicht in Betracht gezogen zu haben. Man behandelte diese als isolierte Episoden, die den astrologischen Effekt von Uranus nötig hatten. Man sagte, der überwölbende Grund dafür, dass Uranus der Herrscher über diese Angelegenheiten ist, sei die Tatsache, dass diese neu seien. Die sieben klassischen Planeten konnten nicht zur Erklärung herangezogen werden. Diese Auffassung verrät ein grundlegendes Missverständnis über die Astrologie.

Nachdem die Symbolik von Uranus etabliert war, war der Weg für die Einführung Neptuns und Plutos in das System vorgezeichnet. Es war ein Präzedenzfall geschaffen worden, und je mehr Objekte die Astronomen entdeckten, umso mehr wurde von der antiken Systematik fortgenommen. Die populären astrologischen Autoren waren überzeugt davon, dass Uranus einen berechtigten Platz in der Astrologie hatte. Ferner überzeugten sie ihre Leserschaft, nachdem die entsprechende Symbolik, wie sie in den ersten theosophischen Publikationen vertreten wurde, nun insgesamt zur Anwendung kam.

Neptun – 1846 entdeckt

Vieles was an Uranus erklärt wurde, passt auch zu den nachfolgenden Entdeckungen von Neptun und Pluto. Der Prozess der genauen Beschreibung der neuen Planeten wurde jedoch deutlich beschleunigt. Ein Großteil der astrologischen Gemeinde hatte sich von der Wirkungsweise des Uranus überzeugt und akzeptierte folglich auch die Methoden zur Herleitung seiner symbolischen Bedeutung. Aber von den sieben Hauptquellen für die Symbolik von Uranus lassen sich nur drei bis zu einem gewissen Grad auch für Neptun nachweisen: Mythologie, theosophische Lehre und astrologische Missverständnisse.

Erste Hinweise

Es gibt kaum frühe Belege, denn die Almanache haben lediglich die Glyphe verwendet. In allen von mir gesichteten Almanachen war nichts zu finden, was sich nur auf Neptun allein bezog. Einige Interpretationen wurden veröffentlicht, wenn Neptun mit anderen Planeten verbunden war, dies aber nur auf einer sehr allgemeinen Ebene. Im Jahr 1865 wurde das Symbol für Neptun vorgeschlagen[93], aber nichts weiter wird dazu erwähnt. Das meiste von den symbolischen Informationen über Neptun kann man bei den theosophischen Astrologen Ende des 19. Jahrhunderts finden. Aus ihren Veröffentlichungen wird ersichtlich, dass Neptun um einiges problematischer war als Uranus und dies

---

[93] Francis Moore, *Vox Stellarum*, London 1865.

wurde, wie wir sehen werden, bis heute nicht vollkommen gelöst.

Das Entdeckungshoroskop

Ähnlich wie im Horoskop von Uranus befindet sich auch Neptun nicht an einer Achse, sondern im 8. Haus. Während Uranus bei seiner Entdeckung in Opposition zu den Übeltätern Mars und Saturn stand, bildet Neptun eine enge Konjunktion zu Saturn. Saturn steht zwar in seinem eigenen Zeichen, aber er ist ungünstig gestellt und rückläufig. Es gibt ein kleines Anzeichen dafür, dass die Astrologen auch die Symbolik Saturns mit in Erwägung zogen, als sie anfingen, Neptun zu deuten, obwohl sowohl Uranus als auch Neptun zunächst als ungünstig betrachtet wurden, bevor die theosophische Lehre Anwendung fand. Dem Entdeckungshoroskop wurde faktisch nur spärliche Aufmerksamkeit geschenkt:

> *„Wir brauchen die Geschichte der Entdeckung Neptuns nicht aufzurollen; es genüge die Feststellung, dass man ihn in Berlin am 23. September 1846 nachts entdeckte, als er in 26° Wassermann stand."*[94]

Er gibt keine Rechtfertigung für diese Feststellung und vorausgesetzt, das Horoskop von der Entdeckung des Uranus war die Ausgangslage für dessen Deutung, dann wäre diese Rechtfertigung notwendig. In der Tat wird Uranus heute mit Explosionen und plötzlich eintretenden Katastrophen assoziiert, was immer noch auf die ihm unterstellte Mars-Saturn-Natur verweist.

---

[94] Alan Leo. *Die Kunst der Synthese*. Leipzig 1930. S. 172.

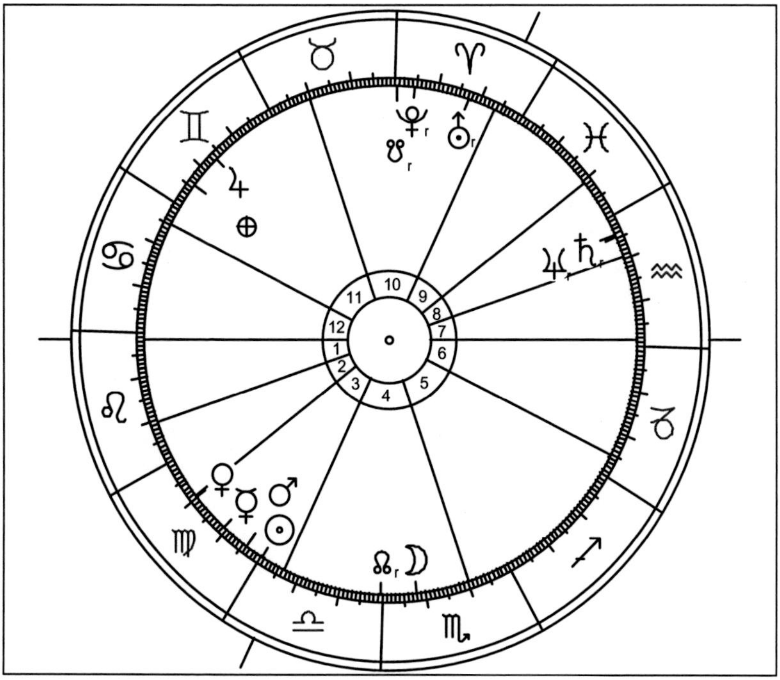

Abbildung 12:
Die Sichtung Neptuns, 24. September 1846, 23:20 GMT, Berlin
(52° N 29′, 13° O 21′)

Astronomische Eigenschaften

Aus Neptuns astronomischen Eigenschaften ließen sich nur wenige Deutungskriterien ableiten. Nachdem Uranus wegen der Besonderheit seiner Rotation als verschroben dargestellt worden war, konnte diese Symbolik nicht abermals verwendet werden. Der Abstand Neptuns von der Erde und auch von Uranus versperrte den Astronomen die Möglichkeit viele Informationen zu gewinnen, und daraus zogen die Astrologen die Symbolik des Mysteriösen.

Politische Ereignisse

Der Aufstieg des Sozialismus ab 1840 ist die Quelle dafür, dass Neptun mit Selbstaufopferung für die Werte des Gemeinwesens und selbstverständlich auch mit dem Sozialismus als solchem gleichgesetzt wurde. Hieraus wurden der Idealismus sowie Nächstenliebe und Wohltätigkeitseinrichtungen extrapoliert. Wohlgemerkt, die Astrologen ignorierten die Entwicklungslinie und betrachteten diese Bewegung isoliert und als direkt mit Neptun verknüpft. Der moderne Sozialismus hat seine Wurzeln aber in der industriellen Revolution, die wiederum mit Uranus in Zusammenhang gebracht wurde. Dieses Paradox scheint in der astrologischen Gemeinschaft nicht zur Kenntnis genommen worden zu sein.

Der Mangel an bemerkenswerten politischen Ereignissen, mit denen man Neptun hätte assoziieren können, wurde seinem unpolitischen Grundcharakter zugeschrieben[95], d.h. das Fehlen politischer Bezüge führte zu einer unpolitischen Symbolik.

Wissenschaftliche Fortschritte

Es gibt nur wenige wissenschaftliche Fortschritte, die mit Neptun in Zusammenhang gestellt werden, obwohl die Verwendung von Äther als Narkotikum (1846) mit Neptun in Verbindung steht. Hieraus wurden die Assoziationen mit Drogen, vor allem mit Betäubungsmitteln und suchterzeugenden Substanzen gezogen. Normalerweise hätte man diese Dinge, vor allem Gifte, mit Saturn assoziiert[96]. Hanf wird zum Beispiel mit Saturn in Verbindung gebracht. Allerdings herrscht jeder Planet über verschiedene Drogen und Medikamente: Jupiter herrscht über Süßholz, das

---

95 Sasha Fenton *The Planets*, London 1994.

96 William Lilly. *Christliche Astrologie – Buch I und II.* Tübingen, 2007, S. 59.

in Hustensäften verwendet wird. Die Sonne herrscht über Euphrasia (Augentrost), mit dem man Augenleiden lindert.

Eine Assoziation, die in der astrologischen Literatur kaum erwähnt wird, fasst dies etwas weiter und schreibt Neptun *„die Konsolidierung der Dampfkraft für Reisen“*[97] zu, was andeutungsweise die radikale Veränderung der Beförderungsmittel in jener Zeit mit Neptun verbindet. Es ist schwierig, diese Behauptung zu verstehen, da Transportmittel schon mit Uranus assoziiert wurden, auch wenn Dampfkraft in diesem Zusammenhang nicht erwähnt worden ist.

Der Poseidon-Mythos

Mangels anderer Quellen wurde der Schwerpunkt auf den Mythos des Meeresgottes Poseidon gelegt. Dieses Defizit an Material scheint wenig Besorgnis ausgelöst zu haben und führte nicht zu irgendwelchen Kommentaren. Es gibt keinen Beleg dafür, dass Vergleiche gemacht wurden mit den Methoden, anhand derer die Symbolik von Uranus abgeleitet wurde, und auch diese Inkonsequenz wurde offensichtlich übersehen.

Die Astronomen folgten der Tradition und tauften den neuen Planeten Neptun, und die Astrologen schauten sich den Mythos von Poseidon an, um weitere Anhaltspunkte zu erhalten. Poseidon, ein Sohn des Kronos, herrschte über das Meer, und so wurde Neptun zum Herrscher über alle maritimen Angelegenheiten. Als es darum ging, dieses neue Mitglied des Sonnensystems zu erklären, wurde diese Herrschaft dahingehend erweitert, dass alle Flüssigkeiten Neptun zugerechnet wurden, was zuvor die Domäne des Mondes gewesen war. Wie wir noch sehen werden, wurde auch die Venus für die symbolische Bedeutung Neptuns geplündert.

---

97 Charles and Suzy Harvey. *Astrology: the only introduction you'll ever need.* London 1999, S. 89.

Für jene Astrologen wurden die Ozeane des Poseidon zum Abgrund der menschlichen Seele und deren Emotionen. Daher wurden Intuition, sowie übersinnliche und mediumistische Fähigkeiten damit assoziiert, und Neptun repräsentierte alle Spielarten des Mystizismus.

Die theosophische Lehre

Das Prinzip der „Oktaven" wurde auf Neptun ausgedehnt. War Uranus die höhere Oktave des Merkur, dann sollte Neptun als nächster in der Reihe die höhere Oktave der Venus sein. Alkohol, Liebe, Kunst, Musik. Poesie, künstlerische Betätigung, also auch Fotografie, Film, Mode und Phantasie wurden allesamt aus dem Herrschaftsbereich der Venus genommen. In den frühen Werken sehen wir noch die Unsicherheit bezüglich Neptuns Aktivitäten:

> *„Neptun ... hat im Grunde genommen nur schwachen Einfluss auf unsere Erde und ihre Bewohner. Unentwickelte Seelen, denen es unmöglich ist, die mediumistischen Tendenzen, denen sie von außen unterliegen, zu beherrschen, und denjenigen, die einen sehr schwachen Willen haben und immer ihren wechselnden Eindrücken unterliegen, werden unter den Einfluss Neptuns geraten; andererseits aber auch diejenigen, die seelisch sehr hoch entwickelt sind. ... Aber es wird noch manches Jahr vergehen, bevor man eine befriedigende und zuverlässige Angabe über seine Wirkung machen kann".*[98]

Nachdem der Autor ausgiebige Beschreibungen von der Körperlichkeit des uranischen und des neptunischen Typs angeboten hat, gibt er folgenden Kommentar:

> *„Bei den abgebildeten Uranus- und Neptuntypen musste die künstlerische Phantasie eine wesentliche Rolle spielen, da in unserem gegenwärtigen Entwicklungsstadium diese Typen in Wirklichkeit sehr selten sind"*[99]

---

[98] Alan Leo. *Die Deutung des Horoskops.* Leipzig 1929, S. 59.

[99] Alan Leo. *Die Kunst der Synthese.* Leipzig 1930, S. 108.

Nicht nur, dass die Symbolik lediglich behauptet wurde, es taucht auch nie die Frage auf, ob die Seltenheit dieser Typen daher rühren könnte, dass Neptun nicht die Bedeutung hat und dass der „Neptuntyp“ folglich gar nicht existiert.

Das Dreiklassensystem der Menschheit wurde erneut angewandt, um das Versagen der Deutungen zu erklären. Auch hier gibt es wiederum keine klare Anweisung, wie man diejenigen identifiziert, die auf Neptun reagieren, sowie jene, die dies nicht vermögen. Es ist bemerkenswert, dass Neptun extrem übel oder „höchst spirituell“[100] sein kann. Das symbolische Netz wurde also ähnlich wie bei Uranus sehr weit gespannt. Den Studenten gab man den Rat: *„Der Einfluss Neptuns hängt gänzlich davon ab, inwieweit der Mensch fähig ist, auf seine Schwingungen zu reagieren.“*[101] Falls der Geborene die Wirkungen Neptuns nicht bestätigt, dann dürfen wir davon ausgehen, dass ihm oder ihr eine „niedrigere Klasse“ zugewiesen wurde - ein unattraktiver Vorschlag. Wenig später finden wir spezielle Hinweise auf den Typus Mensch, der auf diese neuen Planeten reagiert. Im Gegensatz zu der etwas früheren Periode wurde dieser „entwickelte“ Mensch weniger gottähnlich gesehen:

> *„Für diejenigen, die auf die sehr hohen Schwingungen reagieren können, bedeuten Uranus und Neptun (und vermutlich auch Pluto) die höchst entwickelten Vertreter der Menschheit.“*[102]

Wir dürfen davon ausgehen, dass wir diesen Typus am ehesten unter den Astrologen und Theosophen antreffen werden, die wie erwähnt auch auf die Schwingungen des Uranus reagiert haben. Es ist schwer vorstellbar, dass eine große Anzahl von Klienten dieser Beschreibung widersprochen hätte.

Nachdem die Hinnahme der Fehler bei der Deutung des Uranus den Präzedenzfall bildete, setzte sich dieses Vorgehen bei Neptun fort. Zukünftige Astrologen würden das Rätsel seiner

---

100 Vivian Robson. *A Beginner's Guide to Practical Astrology*. London 1933, S. 13.

101 Alan Leo. *Die Kunst der Synthese*. Leipzig 1930, S. 161.

102 Raymond Harrison. *The Measure of Life*. London 1937, S. 19.

Symbolik schon lösen, und obwohl sehr viel zu dieser Neuentdeckung geschrieben wurde, waren die Autoren doch so umsichtig, auf die Möglichkeit eines Irrtums hinzuweisen.[103] Diese Bemerkungen werden wiederholt gemacht, aber sie schienen niemanden davon abzuhalten, wortreich über das Thema zu reden.

Da übersinnliche Wahrnehmung als legitimes Forschungsmittel akzeptiert wurde – der aufkommende Spiritismus wurde ja mit der Entdeckung Neptuns assoziiert. Es ist durchaus angebracht, Neptuns Ruf als „nebulöser" Planet zu erklären. Diese Symbolik hat, wie vieles andere auch, bis heute Bestand und wurde später noch ausgedehnt. Zum Beispiel wurden Zuschreibungen wie Verwirrung, Verschwommenheit, Lügen, Betrug, Unordnung, Irrtum, Vergesslichkeit und so weiter, alle aus dieser Deutung heraus geboren. Die Quelle dafür lässt sich nirgends in den bisher genannten Schriften finden. Es besteht kein Bezug zu Neptuns physikalischen Eigenschaften, zu dessen Mythos oder zur Wissenschaft. Der Ursprung für diese Deutung liefert den besten Beweis für die zweifelhaften und oberflächlichen Methoden der sogenannten „wissenschaftlichen" Forschung der theosophischen Astrologen.

> *„Wenn man Neptun hellseherisch im Kristall betrachtet, erscheint er als ein nebliges Plasma, innen hell, äußerlich von stumpf bläulicher und schieferner Farbe."*[104]

Der Autor fährt nun fort, Neptun gemäß dieser Offenbarung zu skizzieren, die bis zum heutigen Tag besteht. Da ist keine Spur von den hochtrabenden, wissenschaftlichen Idealen der davorliegenden Zeit, und obwohl manche Astrologen den Bedarf einer exakteren Herangehensweise erkannten[105], haben sie ihrer Leserschaft nichtsdestotrotz dieselbe Symbolik für die neuen Planeten nahegebracht.

---

103 Alan Leo. *Die Deutung des Horoskops.* Leipzig 1929, S. 427.

104 Alan Leo. *Die Kunst der Synthese.* Leipzig 1930, S. 167.

105 Vivian Robson. *A Beginner's Guide to Practical Astrology.* London 1933, S. 113.

An dem Denkmuster wie bei Uranus wurde festgehalten. Neptun galt als Wasserplanet aufgrund seines Bezuges zum Poseidon-Mythos und folgte in der Rangordnung als Herrscher oder Mit-Herrscher in den Fischen, einem Wasserzeichen, in dem Venus erhöht steht. Dies wurde zum System erhoben:

> *„Es hat nämlich den Anschein, dass die Erhöhung eines Planeten das Haus seiner Oktaven-Ausprägung ist. Es ist wohl sicher, dass Uranus die Oktave zu Merkur darstellt (...). Merkur aber soll seine Erhöhung im Wassermann haben, dem Haus des Uranus. Venus andererseits hat ihre Erhöhung im Zeichen Fische, und wenn Neptun, wie ich durchaus glaube, die„Oktav-Ausprägung" von ihr ist, dann müsste das zwölfte Tierkreiszeichen sein Haus sein."*[106]

Dies war eine weitere untragbare Theorie, die spätestens mit der Entdeckung Plutos auf der Strecke blieb.

Der Fehler bezüglich der Mitherrscher von Zeichen und Häusern wurde abermals wiederholt, indem die theosophischen Astrologen die Assoziationen zum 12. Haus (Fische ist das 12. Zeichen) einfach auf Neptun übertragen haben. So werden zum Beispiel Krankenhäuser dem Neptun zugeschrieben[107], was aus dem Zusammenhang von 12. Haus mit Gefängnis und Gefangenschaft extrahiert wurde[108]. So wurde Neptun der Herr über Orte der Beschränkung, des Rückzugs und des Exils. Daraus wurde seine Herrschaft in den Fischen und im 12. Haus abgeleitet und so fielen ihm auch Mystik, Medialität, Träume und Visionen zu.

---

[106] Alan Leo. *Die Kunst der Synthese.* Leipzig 1930, S. 179.

[107] Alan Leo. *Die Kunst der Synthese.* Leipzig 1930, S. 24.

[108] Alan Leo. *Die Kunst der Synthese.* Leipzig 1930, S. 175.

Zusammenfassung

Die daraus resultierende Mischung ergab einen Planeten des Unerklärlichen, dessen Auswirkungen unbekannt waren und, falls überhaupt, dann nur von den besonders Geläuterten erfahren werden konnten. Seine wässrige Verbindung zum Unbewussten erlaubte größte Spielräume, zumal es sein konnte, dass der Geborene sich dieser Wirkungen nicht bewusst war. So konnten noch sehr viel mehr Menschen dieser Symbolik zugeordnet werden. Die dürftigen Vorstellungen und Zusammenhänge der Anfangszeit wurden nie verändert. Die symbolische Bedeutung ist damals wie heute dieselbe und wird von den Astrologen der Gegenwart stillschweigend angenommen, obwohl die Initiatoren damals durchaus zur Vorsicht rieten.

Pluto – 1930 entdeckt

Bei dieser Entdeckung wurde alle Vorsicht und Konvention gänzlich außer Acht gelassen, da sich verschiedene Autoren beeilten, ihre Theorien zu publizieren. Unverzüglich wurden detaillierte Deutungen und Meinungen über Plutos Auswirkungen veröffentlicht. Zahlreiche Standpunkte über das von ihm beherrschte Zeichen wurden sehr schnell in den Raum gestellt. Hatte man früher noch daran festgehalten, dass Praxis und Erfahrung das einzig wahre Maß für Gültigkeit waren, so wurde dieser Grundsatz nun beiseite geschoben.

Zu diesem Zeitpunkt war die westliche Tradition der Astrologie schon wiederholt gebrochen worden. Wie wir gesehen haben, wurden weitere Neuentdeckungen erwartet, und die theosophischen Astrologen entwarfen einen Plan der Eventualitäten: Die neuen Planeten sollten das astrologische Puzzle vervollständigen. Dass genau diese Planeten die eigentliche Ursache für das Zerwürfnis waren, blieb unerkannt. Wenn die versprochene Offenbarung sich nicht materialisierte, wurden Entschuldigungen gesucht: der freie Wille des Geborenen, der Mangel an entwickelten Menschen, die in der Lage waren, auf Plutos Einflüsse zu reagieren sowie die dem Planeten eigentümliche Rätselhaftigkeit.

Die Verfahren, um Plutos Charakteristik festzulegen, lassen sich auf dieselbe Weise kategorisieren wie bei Uranus und Neptun. Aufgrund der größeren Hast bei der Vorgehensweise wurden die einzelnen Kategorien vermischt und in einem stärkeren Maße ausgedehnt als zuvor. Eine derartige Vermischung verkompliziert jeden Versuch, die einzelnen Bestandteile für sich zu betrachten und wird durch die Hinzunahme an psychologischem Fachjargon noch erschwert.

Mit Uranus und Neptun waren die Würfel gefallen, und es gab keinen Grund, deren Platz im astrologischen System anzuzweifeln, ebenso wenig traf dies auf Pluto zu.

Erste Hinweise

Wie erwähnt, verloren die Astrologen keine Zeit, ihre Meinungen über Pluto zu veröffentlichen, aber die meisten Autoren leiteten ihre Diskurse mit einer Empfehlung zur Vorsicht ein. *„Ich bin nicht so dogmatisch, meine hier niedergelegten Erfahrungen mit Pluto für die allein richtigen zu halten"*[109], schreibt Brunhübner, von dem eine der ersten umfassenden Abhandlungen über Pluto verfasst wurde. Mit wenigen Vorbehalten widmet Brunhübner das gesamte Buch seiner These. Er stellt fest, dass er seine „Beobachtungen" erstmals 1933 enthüllte und dass er bestrebt war, *„der Fachwelt wirklich etwas Neues zu unterbreiten."*[110]

Zweifel über die Weisheit einer solchen Schnelligkeit lässt man nicht aufkommen, denn obwohl die Details der Befunde Formfehler aufwiesen, das allgemeine Prinzip war akzeptiert. Astrologen der Zukunft würden die Fehler korrigieren und die frühen Beobachtungen ergänzen.

Im Jahre 1937 räumt der Autor Raymond Harrison ein, dass über Pluto noch kaum etwas bekannt ist und schlägt vor, dass seine Position nur von „spekulativem Interesse" sein kann. Wenig später wiederholt er dies, jedoch hindert diese Behutsamkeit ihn nicht daran, selbstsicher die folgende Aussage zu treffen:

> *„ ... ein Planet der Tat, der den Versuch kennzeichnet, die Aufstauung abzuwerfen, die aus der Lethargie Neptuns herrührt – der Wunsch, sich von den Banden zu befreien, die letzterer angelegt hat. ... Er ist deswegen gewaltsam, was seine Auswirkungen anbelangt, was auch seine inzwischen bekannte Verbindung mit Krankheiten und Unfällen erklärt. Es begründet aber auch seine Präsenz und Be-*

---

109 Fritz Brunhübner. *Der neue Planet Pluto*. Berlin, 3. Auflage 1952, S. 5.

110 Ebenda , S. 5.

deutung einerseits in de Horoskopen von Musikern und spirituellen Menschen und andererseits in den Horoskopen von Kriminellen. Er ist von Natur aus eruptiv und lässt Freiheit und explosive Handlungen erwarten."[111]

Die in diesen Verlautbarungen enthaltenen festen Überzeugungen stehen im Widerspruch zu der früheren Vorsicht und verdeutlichen, dass die theosophische Lehre ein wichtiger Grundstock für die Symbolik Plutos war. Wie man zu diesen Schlüssen gelangt ist, wird nicht näher ausgeführt, und derselbe Autor liefert über sechs Seiten mit Beobachtungen zu den drei Transsaturniern, während er auf die übrigen sieben Planeten nur drei Seiten verwendet. Diese Gewichtung wurde auch von nachfolgenden Autoren gern beibehalten.

Bei der Untersuchung dieser Materialien nach der Entdeckung Plutos muss man auch auf Quellen hinweisen, die aus der Zeit vor 1930 stammen und ebenfalls von bedeutender Tragweite für Plutos Symbolik sein können. Wie schon erwähnt, hatten Astrologen und Astronomen weitere Planetenentdeckungen hypothetisch angenommen. Für die theosophischen Astrologen wurde dies zu einer Suche nach zwölf (unterschiedlichen) Herrschern der Tierkreiszeichen. Maurice Wemyss und Isabelle M. Pagan waren darin besonders erfolgreich und veröffentlichten ihre Erkenntnisse schon vor der Entdeckung Plutos. Beide entwarfen ihre eigenen Modelle, die auch den Asteroidengürtel zwischen Mars und Jupiter sowie hypothetische Planeten in sich enthielten. Wemyss weist dem hypothetischen Pluto die Herrschaft im Krebs zu, während Pagan ihn im Skorpion unterbringt. Man muss sich aber klar machen, dass diese Astrologen zwar weitere Entdeckungen von Planeten erwarteten, dass die Erwähnung eines hypothetischen Pluto jedoch nicht als eine Vorhersage seiner Sichtung angesehen werden kann. Es wurden daneben unter anderem auch Vulcan und Dido angewandt, und wir haben gesehen, wie schwer sich Alan Leo tat, zwischen dem „Lowell-Pluto" und dem „Wemyss-Pluto" zu unterscheiden. Wemyss behielt seinen Standpunkt noch bei, als Ende der 40er Jahre der letzte

---

111 Raymond Harrison. *The Measure of Life.* London 1937, S. 15 und S. 25.

Band seines Hauptwerkes *Wheel of Life or Scientific Astrology*[112] veröffentlicht wurde.

Aufgrund des verwirrenden Fehlens einer Unterscheidung zwischen Häusern und Zeichen können wir die Anfänge einer Zuordnung Plutos zum achten Haus beobachten, welches für Regeneration und Fortschritt steht. Skorpion wird Macht, Fortschritt, Regeneration und Freisetzung zugeschrieben, während der hypothetische Pluto als die „negative Oktave von Mars" betrachtet wird. Was als Schlüsselbegriff für Skorpion angesehen wird, nämlich „Gerechtigkeit", wurde dem Mythos von Pluto und der Unterwelt entnommen.[113] Dieselbe Autorin bringt eine Reihe von Beispielen, aber sie erklärt ihre Theorie der hypothetischen Planeten und der Asteroiden nicht näher. Wie wir noch sehen werden, ist die anfängliche Symbolik für den hypothetischen Pluto nahezu identisch mit seiner Deutung in der Gegenwart.

Entdeckungshoroskop

Ich konnte keine Quellen finden, die sich auf dieses Horoskop bezogen haben. Mars und Mond stehen in Eckhäusern, was auf die Symbolik von Pluto hinzudeuten scheint, da Pluto ja auch Mars als Herrscher des Skorpions absetzte und dadurch die ansonsten eindeutig dem Mond zugeschriebenen Wassereigenschaften annahm. Wir sollten auch in Erwägung ziehen, dass die Sonne/Venus-Konjunktion im 8. Haus, das ja auch von Pluto beschlagnahmt wurde, ebenfalls in einem Zusammenhang mit der Symbolik Plutos steht. Die Sonne ist die wichtigste Kraftquelle am Himmel, von ihr strömt aufgrund von nuklearen Reaktionen eine große Hitze und Energie aus.

---

112 Maurice Wemyss. *Wheel of Life or Scientific Astrology*, Band 1-4. London 1927 – 1929, Band 5 (erschienen nach 1945), S. 117.

113 Isabelle Pagan, *From Pioneer to Poet or the Twelve Great Gates*, London, 1926.

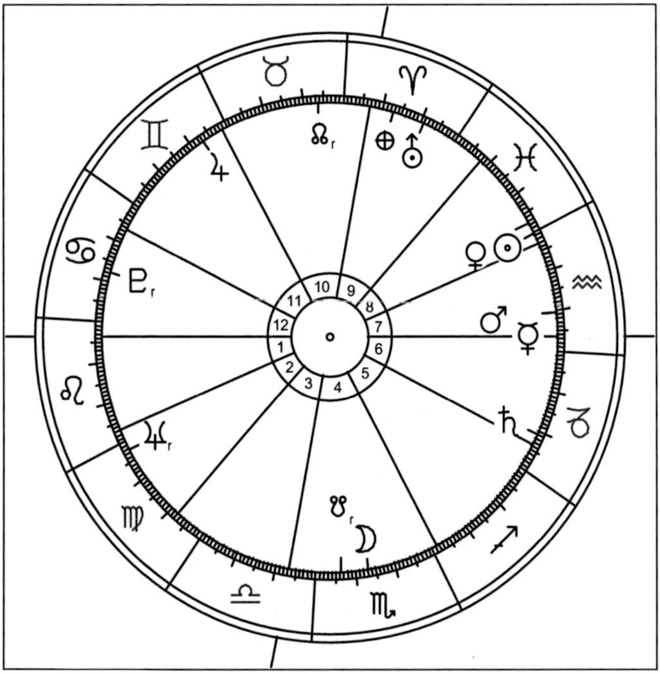

Abbildung 13:
Pluto Entdeckung, 18. 2. 1930, 16:00 MST , Flagstaff, USA
(3° N 12', 111° W 38')

Alle diese Prinzipien wurden Pluto zugeschrieben, dem Planeten, der am weitesten von der Sonne weg stand und folglich das geringste Licht zeigt. Der Planet wird auch mit Sexualenergie in Verbindung gebracht, und in diesem Horoskop finden wir eine erhöhte Venus in Konjunktion mit der Sonne.

Astronomische Eigenschaften

Es gibt kaum Anhaltspunkte, die die symbolische Bedeutung Plutos widerspiegeln. Als einer der äußersten Planeten des Sonnensystems ist er noch immer der Himmelskörper, über den man sehr wenig weiß. Die Neuentdeckungen wurden zuvor immer mit dem Etikett „mysteriös" oder „mystisch" versehen. Nicht so jedoch bei Pluto.

Politische Ereignisse

Nach dem Ersten Weltkrieg hatte die politische Neuordnung gewaltige Auswirkungen auf alles, was folgen sollte. Zu erwähnen wäre der Friedensvertrag von Versailles im Jahre 1919; Gandhis Vorherrschaft im indischen Kongress 1920; die Gründung der Kommunistischen Partei Chinas 1921 und in der Sowjetunion im Jahre 1922; das Ende des osmanischen Reiches im Jahre 1923, das seit dem Jahre 1300 bestand; Stalin als Nachfolger Lenins im Jahre 1924. Jedes dieser Ereignisse lastete schwer auf der Weltgeschichte, die Auswirkungen sind bis heute zu spüren.

Pluto wird allerdings meist nur mit der Weltwirtschaftskrise 1929 bis 1933 in Verbindung gesehen, die als Folge zu einer weltweiten Depression führte und dadurch direkt mit dem Aufstieg des Nationalsozialismus (und anderen extremen politischen Positionen) zu tun hat, letztlich also auch mit Hitler und dem Zweiten Weltkrieg, welcher ebenfalls mit Pluto assoziiert wird.

Da Pluto ebenso mit der Kernspaltung in Verbindung gebracht wird, steht er auch für Atombomben und Krieg. Davon ausgehend und von der Assoziation mit dem Zweiten Weltkrieg (aus historischen Gründen), ersetzte er den Mars als Herrscher für diese Themen. Dieser Wechsel in der Herrschaft wurde und wird gerechtfertigt durch die Annahme, dass es verschiedene Arten von Krieg gibt: Es gibt einen Krieg, bei dem einfach nur Menschen umgebracht werden und es gibt einen „Vernichtungskrieg.“ [114]

> *„Der außerhalb von Neptun folgende Planet ist Pluto, deswegen muss dieser Planet die Rolle der Oktave zu Mars übernehmen. Sein Hauptprinzip ist Vernichtung, die logische Folge aus dem Zustand der Zerstörung. Im Krieg wird ein Haus oder Gebäude zerstört und das Bruchsteinmauerwerk kann bestehen bleiben. Im Laufe der Zeit, wenn man es den Elementen überlässt, zerfallen die Trümmer in kleinere Teile und werden schließlich zu Staub. Dann stieben es die vier Winde des Himmels auseinander, bis zuletzt kein einziges Körnchen mehr vorhanden ist. Dies ist Zerfall und letztlich Vernichtung – das Nichts – die langfristige Schwingung des Planeten Pluto.“*[115]

Obwohl der hier zitierte Whitman einen Zerfall der Materie in Langzeit diskutierte, wurde dieser Zerfall ausgedehnt auf die Massenvernichtung, ein Vorgang, der nach Meinung der theosophischen Astrologen nicht von Mars herbeigeführt werden kann.

Die Entdeckung Plutos wurde ferner mit dem Gangstertum in Zusammenhang gebracht, das in den USA um 1930 sehr weit verbreitet war. Die Gangster sind auch in enger Verbindung mit der Prohibition zwischen 1920 und 1933 zu sehen, als der Alkoholkonsum in Amerika verboten war. Das erste bundesstaatliche Gesetz in dieser Angelegenheit wurde jedoch bereits 1846 erlassen, was der nationalen Abstinenzler-Bewegung damals neue Stoßkraft verlieh und schließlich in der Verabschiedung des Gesetzes auf nationaler Ebene im Jahr 1920 gipfelte. Diese Entwicklung bahnte sich also schon lange vor der eigentlichen Entdeckung Plutos an.

---

[114] Sepharial (William Gorn Old). *The Manual of Astrology.* London, überarbeitete Ausgabe 1962, S. 16.

[115] Edward W. Whitman, *Pluto the Transformer and Annihilator. The Planet of Fission in the Twelve Houses of the Horoscope.* Selbstverlag, London. Das Datum der Veröffentlichung ist unklar, aber aus dem Text lässt sich schließen, dass er in den 50er Jahren geschrieben wurde.

Wissenschaftliche Fortschritte

Die Astrologen trachteten immer noch nach der Anerkennung des Establishments, wie die enthusiastische Integration Plutos in das System bestätigt. Sie waren deswegen darauf versessen, die wissenschaftlichen und technischen Neuerungen mit der Entdeckung Plutos zu verknüpfen, was ja auch bei den anderen neuen Planeten so gehandhabt wurde. Jedoch ähnlich wie zur Zeit der Entdeckung Neptuns waren diese Belege knapp - wenigstens soweit diese von allgemeinem Interesse waren. Wiederum mangelte es an Kriterien, um adäquat mit dem Problem der symbolischen Zuordnung umzugehen.

Pluto wurde mit der Nuklearenergie in Verbindung gesehen, und man sagte, er herrsche über Atomwaffen. Die Anfänge der atomistischen Philosophie liegen im alten Griechenland im 5. vorchristlichen Jahrhundert. Demokrit von Abdera nannte als erster die Bausteine der Materie „atomos" (unteilbar). Die moderne Atomtheorie wurde im frühen 19. Jahrhundert in den Werken von Dalton und anderen begründet, und im Laufe dieses Jahrhunderts wurden weitere wissenschaftliche Fortschritte gemacht. Ähnlich wie bei der Heranziehung der wissenschaftlichen Fortschritte, die Uranus und Neptun zugeschrieben wurden, wurde der grundlegende Entwicklungsprozess übergangen. Man nahm lediglich zur Kenntnis, dass im Jahr 1932 das Neutron entdeckt und das Atom gespalten wurde.

Der Pluto-Mythos

Für den neuen Planeten wurden zunächst viele Namensvorschläge unterbreitet, aber sobald sein Name endgültig festgelegt worden war, stellte er für die Astrologen ein Problem dar. Sie waren zwar bereit zu akzeptieren, dass in der Taufe eines Planeten durch einen Nichtastrologen ein sinnhaltiger Zufall enthalten sei, aber wie gesagt, der Name Pluto war ja schon anderweitig in Verwendung.

„Unglücklicherweise haben die Astronomen den unpassenden Namen Pluto gewählt, eine Bezeichnung, die schon einem hypothetischen Planeten (der im Krebs herrscht) gegeben wurde. Um Verwirrung zu vermeiden, sollte man in Astrologenkreisen den Originalpluto Wemyss-Pluto und den von Lowell entdeckten Planeten Lowell-Pluto nennen."[116]

Man wollte zwar der Verwirrung vorbeugen, aber dennoch wurde vieles von der Symbolik des Wemyss-Pluto auf die Neuentdeckung übertragen. Die Deutung der Mythen zu Uranus und Neptun war etabliert und erwies sich als zunehmend geeignet, sobald die Verwendung psychologischer Terminologie in der Astrologie zunahm. Folglich wurde - trotz des unglücklichen Umstandes der Taufe Plutos - der Mythos vom Gott der Unterwelt enthusiastisch aufgenommen. Eigentlich heißt dieser Gott Hades, und er herrschte im Tartaros. Aus Angst vor seinem Zorn und seiner Rache wurde er meistens mit seinem Übernamen genannt: Pluto (der Reiche), was sich auf die Reichtümer der Erde bezog.[117] Aus dieser Überlegung heraus gewann der Planet Anschluss an die Themen Wohlstand, Gesellschaftskapital, Minen und Untergrundaktivitäten. Auch das organisierte Verbrechen wurde über den Begriff der „kriminellen Unterwelt" mit Pluto in Verbindung gebracht.

Die theosophische Lehre

Wie schon gezeigt, fuhr man fort, das Prinzip der „Oktavenschwingungen" auf die Symbolik der Planeten anzuwenden. Die langsame Bewegung der transsaturnischen Planeten liefert den Beweis für deren Aktivität in größeren Zusammenhängen. Merkur steht für die einfache Gedankenkraft, währen Uranus die

---

116 Alan Leo. *The Art of Synthesis*. 5. Auflage 1936. Hinweis: Alan Leo starb zwar 1917, seine Bücher wurden aber weiterhin aktualisiert und unter seinem Namen veröffentlicht.

117 Pierre Grimal, *The Dictionary of Classical Mythology*. Oxford 1987.

„individualisierte" Gedankenkraft repräsentiert. Venus steht für die einfache Liebe, während Neptun die „universelle" Liebe repräsentiert. Mars steht für Zerstörung, Pluto repräsentiert die vollkommene Vernichtung.[118]

Weitere Kommentare erübrigen sich hier, da die Hinweise bezüglich Uranus und Neptun wiederholt werden müssten. Die einzigen bedeutsamen Unterschiede sind Variationen des theosophischen Themas „Oktavausprägungen".

Ein falsches Verständnis des astrologischen Systems

Unter dieser Überschrift sollten wir die Verbindung Plutos mit dem Begriff Regeneration erwähnen, denn diese Qualität war zuvor eindeutig dem hypothetischen Pluto zugeschrieben worden. Es war zunächst nicht beabsichtigt, dies dem neu entdeckten Planeten zuzuordnen.

Die Prinzipien von Vernichtung und Tod wurden von Mars und Saturn übernommen. Auch Wiedergeburt wird im Zusammenhang mit Pluto genannt, was in der Vergangenheit jedoch immer mit der Sonne verbunden war, da ihr Himmelslauf diese täglich neu erstehen lässt. Eine weitere oft in Zusammenhang mit Plutos Aktivität gestellte Redewendung ist, „es ans Licht bringen." Dies wurde in der alten Astrologie in den günstigen Aspekten (meist den Trigonen) zwischen Sonne und Mond - den Lichtern - gesehen. Keine Erleuchtung kann anders als unter der Schirmherrschaft der Sonne erfolgen, sei diese real oder metaphorisch gemeint.

Nachdem Pluto zum Herrscher des Skorpion erklärt worden war, wurden ihm die Themen des 8. Hauses zugeschrieben.[119]

In dieser Hinsicht sollte auch das plutonische Wort „Zeitgeist" erwähnt werden, das mit der gesamten Gruppe der Transsatur-

---

118 Edward W. Whitman, *Pluto the Transformer and Annihilator. The Planet of Fission in the Twelve Houses of the Horoscope.* Selbstverlag, London.

119 Raymond Harrison. *The Measure of Life.* London 1937, S. 28.

nier assoziiert wurde. Die Theosophen betrachteten den langsamen Bewegungsumlauf der äußeren Planeten als einen Ausdruck für deren Auswirkungen auf Generationsebene. So behaupteten mehrere Autoren, dass die Transsaturnier kaum Einflüsse auf Individuen hätten, hielten es aber dennoch nicht für angebracht, sich in ihren Beschreibungen mit persönlichen Deutungen zurückzuhalten. Wir können dies als einen Hinweis darauf nehmen, dass man versuchte, diese Planeten aus der Individualhoroskopie herauszuhalten. Sind ihre Wirkungen auf ganze Generationen bezogen, dann lässt sich damit wenig über eine Einzelperson aussagen. Besagte Haltung darf man als einen Kompromiss sehen: Diese Planeten entsprachen nicht den Erwartungen, aber sie konnten nicht mehr aus dem System entfernt werden, also schuf man ein anderes „Schlupfloch".

Zusammenfassung

Es ist bemerkenswert, dass mit einer wachsenden Anzahl Planeten, die von Astrologen berücksichtigt wurden, das ursprüngliche System offensichtlich mit zunehmender Freiheit durchbrochen wurde. Wir hatten dieses in sich zusammenhängende astrologische System am Anfang dieses Buches dargestellt. Es ist eindeutig um die Sonne und deren astronomische und physikalische Eigenschaften herum aufgebaut. Bei diesem Sturm auf die alte Lehre wurde Pluto mehr Kraft zugesprochen als der Sonne. Um es in religiösen Begriffen auszudrücken, Pluto verdrängte Gott, dessen Repräsentantin in der westlichen Kultur die Sonne ist.

Lediglich aufgrund der „wissenschaftlichen" Grundstimmung während des Zeitraums dieser Entdeckungen, konnte man diese Profanierung gutheißen, ja geradezu begrüßen. Wir halten auch fest, dass es keine Angriffe säkularer Art gibt, sondern nur Versuche, das neue System aufrechtzuerhalten.

Vergleiche

Wir sollten uns die Worte von Margaret Hone anhören, der Vorsitzenden der *Faculty of Astrological Studies* von 1954 bis 1969, die einen großen Einfluss auf die astrologische Gemeinschaft hatte.

> „*Bislang wurde noch keine endgültige Entscheidung getroffen* [bzgl. der Herrschaft der neuen Planeten], *aber die Begriffe, die nun nach und nach allgemeine Anerkennung finden, werden sich durchsetzen. Es kann sein, dass diese neuen Planeten Prinzipien verkörpern, die eine weit gefasste Bedeutung haben, und dass man sie deswegen nicht auf eine bestimmte Herrschaft einschränken sollte, wie wir dies aus der Tradition kennen,*
>
> *Eine Art, über diese neuen Planeten zu sprechen, ist, von ihnen als der höheren Oktave eines bereits bekannten Planeten zu sprechen. Es ist, als ob sie die Gedanken steigern und die Einstellung der Menschheit erweitern.*“[120]

Margaret Hones Buch kam erstmalig im Jahr 1951 auf den Markt und wurde viermal überarbeitet, jedoch blieb diese Galionsfigur der astrologischen Ausbildung hinsichtlich der Symbolik der neuen Planeten undeutlich. Die Anzahl ihrer Schüler und Leser kann man nur vermuten, aber das Buch erlebte 15 Auflagen, davon allein zwei im Jahr 1969. Ähnlich wie bei ihren Vorgängern, hinderten ihre Zweifel sie keineswegs daran, immer und immer wieder die Symbolik der Transsaturnier zu wiederholen, die von Tausenden ihrer Schüler und Leser aufgenommen wurden.

---

120 Margaret Hone. *The Modern Text Book of astrology. Revised Edition.* Romford 1980.

Die nachfolgende Liste der Deutungs-Zuordnungen wurde aus verschiedenen Werken des ausgehenden 20. Jahrhunderts zusammengestellt[121] und enthält ausreichendes Vergleichsmaterial im Blick auf die Zuschreibungen früherer Autoren. Die moderne Entsprechung wird unter dem jeweiligen Planeten aufgeführt und korrespondiert mit der vermutlich allerersten Quelle hierfür. Diese finden Sie in der ersten Spalte. Wenngleich die Theorie der „höheren Oktave" ein Teil der theosophischen Lehre war, gedieh sie aufgrund des mangelnden Verständnisses für das (alte) astrologische System zu einer astrologischen Deutungsmethode. Dies wird unter der entsprechenden Rubrik weiter unten aufgeführt.

[121] Charles and Suzy Harvey, *Astrology: the only introduction you'll ever need,* London 1999. - Sasha Fenton, *The Planets,* London, 1994. - Jeff Mayo, *Astrology: A Key to Personality,* London 1995. - Margaret Hone, *The Modern Textbook of astrology* (revised ed.), Romford 1980. - Robert Pelletier, *Das Buch der Aspekte,* München, 1985. - Geoffrey Cornelius, Maggie Hyde and Chris Webster, *Astrology for Beginners,* Cambridge 1995, - Liz Greene, *Jenseits von Saturn.* Tübingen 2009.

Quelle für das Symbol	**Uranus**
Entdeckungshoroskop	Unheilvoll Entsprechung von Mars und Saturn
Astronomische Charakteristik	Exzentrizität, überschreitet Grenzen, plötzliche Veränderungen, unvorhersehbar, außergewöhnliche Menschen und Ereignisse
Politische Ereignisse	Revolution und Rebellion, Individualität, Unabhängigkeit, soziale Reformen, plötzliche Veränderung, Abweichung, Umbruch, Demokratie
Wissenschaftliche Fortschritte	Neuheiten, Abweichung, Genie und Originalität. Die Erfindungen im 19. Jahrhundert und die Entwicklungen des 20. Jahrhunderts.
Mythos	Rebellion, Umsturz, Risikobereitschaft, Zerrüttung
Theosophische Lehre	Genius, Originalität, Abweichung, Unvorhersagbarkeit, das Okkulte, das (kollektive) Unbewusste
Astrologische Unstimmigkeit	Genius (Merkur) Originalität Merkur), Freunde, Bekanntschaften und Gruppen (11. Haus) Erziehung, Verbreitung von Wissen (Mond und Merkur) Logik und Wissenschaft (Merkur) Eigensinn (Wassermann)

Neptun	Pluto
Unheilvoll, Entsprechung von Saturn (auch 12. Haus)	Unheilvoll Entsprechung von Mars und Mond
Mysteriös	Mysteriös. Als äußerster Planet steht er für Finalität, das Ende aller Dinge. Von dem Wemyss-Pluto übernommen: Regeneration, Anfang und Ende (entspricht auch der Sonne), Zyklen, Recycling, Extreme
Soziales Bewusstsein, verbunden mit karitativen Tätigkeiten. Idealismus, Opfer und Selbstopfer, Sozialismus	Faschismus, Stalinismus, organisiertes Verbrechen, internationaler Terrorismus
Anästhesie, daraus folgend Wirklichkeitsflucht und Hypnose	Atomkraft, Kernspaltung und Kernfusion
Imagination, Emotionen Fantasy und Mythos, folglich auch Flucht vor der Realität und Täuschung, Sehnsüchte, der Ozean	Transzendenz, Eliminierung, Erneuerung, Regeneration, Enthüllung, Gewalttätigkeit, umwälzend, ausbrechend
Spiritismus, Unerklärliches, Unsichtbarkeit, Mystizismus, Frömmigkeit und Spiritualität, Verfeinerung,, für Eindrücke empfänglich, das (kollektive) Unbewusste, höhere Form der Gruppenintuition	Das (kollektive) Unbewusste, Tiefenpsychologie, Zeitgeist
Auflösung (Mond) Romantik und Liebe (Venus) Alkohol (Mond) Drogen (verschiedene Planeten) Sinnlichkeit (Venus)	Transformation, Zyklen, Geburt, Tod und Wiedergeburt, Kraft (Sonne), Reichtum und Überfluss (Jupiter), Gemeinsame Finanzierung, das Geld anderer, Vermächtnisse, Testamente (8. Haus), Steuern und Steuereintreiber (11. Haus als 2. Haus der eintreibenden Behörde), Tod (8. Haus und Saturn), Sexualverkehr (Venus), etwas Verborgenes, besonders im Untergrund (4. Haus, Saturn und „verbrannte" Stellung). Alles in Zusammenhang mit den Fortpflanzungsorganen (Skorpion und das 8. Haus). Chirurgie, Messer, Metzgerei, unbewaffneter Kampf (Mars)

Wir erkennen eine Veränderung der Sprache, nachdem die Psychologie in den astrologischen Deutungen eine größere Rolle übernahm. Aber ob man nun von einer „höheren Gruppenintuition" oder von einer „höheren Oktavschwingung" spricht, beides bedeutet letztlich dasselbe und geht auf denselben Ursprung zurück. Jeder neue Planet wurde auf die eine oder andere Weise mit dem Unbewussten in Verbindung gebracht, und dies wird letztlich von der unzugänglichen Wesensart der neuen Planeten abgeleitet. Aber diese Unergründlichkeit entsprang letztlich der Unfähigkeit der theosophischen Astrologen, in ihren Deutungen eine Exaktheit walten zu lassen, ein Zustand, der bis heute anhält.

Epilog

Die vorliegende Analyse über die Aufnahme der transsaturnischen Planeten in die Astrologie ist in mancher Hinsicht entmutigend, da es denjenigen, die deren Verwendung propagierten, oft an einer logischen Methode fehlte. Die symbolischen Zuschreibungen wurden von einer zunehmend oberflächlichen und verfälschten Basis genommen. Persönliche Ansichten, doktrinäre und propagandistische Motive haben die verschiedenen Standpunkte verwirrt. Tatsächlich waren sich die Verfechter oft selbst nicht ganz im Klaren darüber, wie sie das Wesen und die Qualität dieser neuen Planeten ergründen sollten. Die Symbolik der neuen Planeten wurde auf einer eingeschränkten Grundlage ermittelt, die über weite Strecken auf Irrtümern und Propaganda aufgebaut wurde.

Zunehmend verließ man sich auch auf die Mythologie, wenngleich auch nur selektiv, was dann später auf die Verwendung der Jungschen Archetypen ausgedehnt wurde. Diejenigen, die die Planeten tauften, legten diese Mythen für die Planeten fest, aber dem schenkten die Astrologen zunächst nur eine spärliche Aufmerksamkeit, während spätere Generationen dies als einen bedeutungsvollen Zufall ansahen. Es ist ganz offenkundig, dass sich die Tagesordnung für die Theosophen aus den Ereignissen und Stimmungen der damaligen Zeit ergab, und obwohl sich die Stimmungslage und die Trends verändert haben, blieb die Symbolik bis heute immer noch unverändert.

Der symbolischen Bedeutung der neuen Planeten mangelte es daran, dass sie die von den Astrologen aufgestellten „wissenschaftlichen" Kriterien verfehlten. Diese Planeten erbrachten nicht die erwarteten Ereignisse oder Auswirkungen, wenn man sie in einem Geburtshoroskop anwandte. Falls dies jemals Zweifel hervorrief, so lässt sich das nicht in den damaligen Schriften wiederfinden. Mit der Überzeugung, dass die Theorie korrekt sei, konnte ein Fehler nur daran liegen, dass man in der Praxis nicht schnell genug nachkam, was sich jedoch durch weitere Experimente berichtigen lassen musste. Man überließ es allerdings den Astrologen kommender Generationen, die aufgestellten Theorien zu verifizieren. Da sich aber an der zugewiesenen Symbolik in den folgenden Jahren wenig ändern sollte, wurde auch kein Beweis mehr erbracht.

Die „esoterische" Astrologie, die von den Theosophen vorangetrieben wurde, wurde zum höchsten und über allen anderen philosophischen Systemen stehend erklärt. Daraus und aufgrund der Vermischung der astrologischen Prinzipien und Techniken werden die Motivationen von Astrologen wie Alan Leo klar. Offenkundig wurde die Astrologie wissentlich und beliebig verändert, um sie an die theosophische Lehre anzupassen. Diesen Umbau des astrologischen Systems führte man durch, ohne dabei im Geringsten die Ergebnisse zu berücksichtigen - die innere Überzeugung der Rechtschaffenheit ihres Tuns beflügelte die Tatkraft der theosophischen Astrologen. Man hielt alles für besser als das bisherige System, das man damit ersetzte. Diese Lehre wurde als Wahrheit präsentiert und ist noch heute zu einem großen Teil Grundlage der astrologischen Arbeit, vor allem im Hinblick auf die transsaturnischen Planeten. Ihre Überzeugung und ihre Fehlannahmen öffneten diese alte und göttliche Wissenschaft für die unlogischen Ausschweifungen, welche ein wechselhaftes System hervorbrachte.

Bevor man die Astrologie mit einer persönlichen Philosophie kombiniert, sollte man die der Astrologie innewohnende Philosophie verstehen. Dem Problem der Subjektivität muss man sich ebenfalls zuwenden, um von den Strömungen einer bestimmten Zeit unberührt zu bleiben. Die Auswirkungen waren in der fraglichen Zeit unverhältnismäßig stark, aber es wurde wenig unternommen, um das Gleichgewicht wiederherzustellen.

Bei jedem Punkt unserer Untersuchung haben wir festgestellt, dass die Basis für die Festlegung der Qualitäten der Planeten ungesichert ist, und in der Folge waren die theosophischen Astrologen konsequenterweise genötigt, sich auf Verteidigungsstrategien zurückzuziehen. Was diese Astrologen jedoch erreichten, war von nicht geringer Bedeutung: Sie überzeugten einflussreiche Autoren davon, dass ihre Standpunkte die richtigen seien. So etablierten sich deren Positionen, und vielen Schülern wurden diese dann als Fakten vermittelt.

Die Astrologen der Gegenwart wiederholen und kopieren die symbolischen Entsprechungen, welche die theosophischen Astrologen einst niedergelegt haben. Wenn ein Astrologe nicht aufgefordert wird, Vorhersagen zu treffen und in der Tat wird ihm ja oft gelehrt, dies zu unterlassen, dann bedarf es auch keiner Exaktheit. Dementsprechend müssen die Planeten sich, astrologisch gesprochen, auch nicht auf vorhersagbare Weise verhalten. Man sagt, dass es nicht möglich ist zu verstehen, wie die neuen Planeten sind, da sie „über Generationen" wirken, oder sie betreffen die tieferen Regionen unseres Unbewussten. Folglich kann der Astrologe nicht nur keine Aktivitäten vorhersagen, der Geborene hat auch keine Möglichkeit, diese letztlich zu registrieren. Mit anderen Worten, die astrologische Gemeinschaft ist mit der symbolischen Deutung dieser Planeten nicht viel weitergekommen als ihre Vorfahren. In den ersten Jahren nach deren Entdeckung führten einige wenige Menschen Gründe wider die astrologische Berücksichtigung der neuen Planeten an. Im 21. Jahrhundert hat sich an dieser Situation wenig geändert.

Diese theosophischen Autoren waren auch zwangsläufig darin geübt, die Astrologie zu popularisieren und bei der Wissenschaft Eindruck zu machen. Aber während die Popularisierung erreicht wurde, scheint die Astrologie heute weiter weg von einer wissenschaftlichen Anerkennung zu sein denn je – und das aus den immer gleichen Gründen. Die symbolische Deutung wurde auf den dürftigsten Begründungen aufgebaut, und als diese in der Praxis versagte, wurde die Symbolik verändert, um den Fehlschlag zu kaschieren. Diese Argumente waren nur für die Astrologen plausibel, die in der theosophischen Astrologie ausgebildet worden waren; und diese stellen derzeit die Mehrheit.

Es werden immer wieder Beispiele vorgetragen, die die Wirksamkeit der Transsaturnier hinsichtlich ihrer Leistungsfähigkeit bei der Prognose belegen sollen. Dies ist weit entfernt von denjenigen, die oft die von ihnen persönlich beobachteten Wirkungen zitieren. Jedoch wird diese Deutung von denjenigen Astrologen hergeleitet, die am besten mit der symbolischen Entsprechung vertraut sind: Der persönliche Beleg kommt von denselben Astrologen. Es lässt sich also wenig Beweiskraft aus diesen Quellen gewinnen.

Der Symbolgehalt eines individuellen Horoskops oder eines Gruppenhoroskops ist vielfältig. Die Identifizierung der „aktiven" Planeten erfordert Übung und Disziplin, die nicht alle Astrologen aufbringen. Die den Astrologen zur Verfügung stehenden Optionen sind unterschiedlich, so dass es leicht geschehen kann, dass man das eine mit dem anderen verwechselt. Auch die Intuition kann ein wichtiger Faktor sein bei einer erfolgreichen Prognose, die auf unrichtigen Beweisen basiert. Wenn jedoch ein ganz exakter Zugang angestrebt wird, dann sind die neuen Planeten entbehrlich. Sie können uns nichts Neues sagen, weil es nichts Neues zu sagen gibt.

Astrologen sollten sich von der Gewissheit befreien, dass die Symbolik bezüglich dieser Planeten etwas mit astrologischer Methodik, Korrektheit oder Wahrheit zu tun hat. Diese Symbolik wurde beibehalten, weil diejenigen, die diese Vorstellungen verbreitet haben, ein begründetes Interesse hatten, dies zu tun, und ihr Einfluss war gewaltig. Nur die wenigsten waren auf die Konfrontation mit diesem Durcheinander der Quellen vorbereitet, als etwas in der Praxis nicht eintraf und eine Rechtfertigung wurde über die nächste geschichtet - solange bis die Astrologen der Gegenwart gar nicht mehr nach einer logischen Begründung suchten. Die Einstellung des New Age herrscht vor und bedeutet nach wie vor eine Missbilligung von Logik und gesundem Menschenverstand. Ergibt eine symbolische Entsprechung keinen Sinn oder versagt sie in der praktischen Arbeit, dann bedeutet dies, dass der Anwender dem spirituellen Modell mehr Aufmerksamkeit zuwenden soll.

Man lässt den Leser skeptisch und konfus zurück. Eine Unmenge an Ungenauigkeiten, Ungereimtheiten, Oberflächlichkeiten und Bequemlichkeiten greift den Intellekt an. Damals wie heute erachtet man einen derart unkonventionellen Standpunkt als unastrologisch oder als einen Mangel an astrologischem Verständnis und als am Rande der Ketzerei stehend. Es heißt, dass bestimmte Qualitäten sich auf die transsaturnischen Planeten beziehen, die für die meisten Menschen „jenseits ihrer Erkenntnis" liegen, die „fortgeschrittenen Seelen" ausgenommen. Die Astrologie wurde jedoch begriffen als eine Methode, um den göttlichen Willen zu verstehen; Astrologie soll „Erkenntnis" sein. Zu sagen, dass die Astrologie nicht dazu bestimmt ist, noch nicht erkannt zu werden, ist eine Entschuldigung für Ignoranz und vorenthaltenes Wissen. Wir sollten nochmals zum Anfang zurückgehen, denn unsere erste Frage ist nach wie vor nicht beantwortet: Haben die transsaturnischen Planeten eine astrologische Bedeutung? Oder eigentlich: Müssen sie überhaupt eine astrologische Bedeutung haben?

Der beharrliche Drang nach akademischer Anerkennung wurzelt in der Aufklärung, das Ausbleiben derselben liegt im New Age begründet. Solange die Astrologen und Akademiker sich mit der Astrologie jeweils in ihren eigenen Begriffen befassen, wird es zu keiner Anerkennung kommen. Ist Astrologie Wissenschaft oder Kunst? Ist die Astrologie möglicherweise beweisbar, oder ist sie ungeeignet für einen Beweis? Sie ist beides. Ist sie heilig oder profan? Ist sie göttlich oder weltlich? Sie ist beides. Göttlich, weil sie vom Schöpfer und seinem Abbild kommt. Weltlich, weil sie von dessen Schöpfung und deren Abbild kommt.

WIE OBEN, SO UNTEN.

Bibliografie

Fritz Brunhübner. *Der neue Planet Pluto.* Berlin, 3. Aufl. 1952.

Nicholas Campion. *Buch der Welthoroskope.* Wettswil 1991.

Nicholas Campion. *Astrology, History and Apocalypse.* London 2000.

Bernard Capp, *Astrology & the Popular Press: English Almanacks 1500 – 1800.* London 1979.

Geoffrey Cornelius, Maggie Hyde and Chris Webster. *Astrology for Beginners.* Cambridge 1995.

Die Heilige Schrift. Aus dem Urtext übersetzt. Elberfeld 1905.

Sasha Fenton. *The Planets.* London 1994.

Liz Greene. *Jenseits von Saturn.* Tübingen 2009.

Pierre Grimal. *The Dictionary of Classical Mythology.* Oxford 1987.

Raymond Harrison. *The Measure of Life.* London, 1937.

Charles and Suzy Harvey. *Astrology: the only introduction you'll ever need.* London 1999.

Charles and Suzy Harvey. *Principles of Astrology.* London 1999.

Robert Hand. *Traditionelle Astrologie.* Tübingen 2008.

Moreland Hickman. *The Astrologer's Magazine*, London, February 1891, Vol. 1 No. 7. S. 157.

Margaret Hone. *The Modern Text Book of astrology. Revised Edition.* Romford 1980.

Julius Firmicus Maternus. *Die Acht Bücher des Wissens.* Tübingen 2008.

Alan Leo. *Exoterische oder esoterische Astrologie – Vier Vorträge.* Freiburg 1921.

Alan Leo. *Astrologie für alle*. Leipzig 1928.

Alan Leo. *Die Deutung des Horoskops*. Leipzig 1929.

Alan Leo. *Das Progressive Horoskop*. Leipzig 1930.

Alan Leo. *Die Kunst der Synthese*. Leipzig 1930.

Alan Leo. *The Art of Synthesis*. 5. Auflage London 1936.

Alan Leo, Beiträge in: *Modern Astrology,* May 1892, No. 22. Vol.2, No.10. London.

William Lilly. *Christliche Astrologie Buch 1* + 2. Tübingen 2007.

Jeff Mayo. *Astrology: A Key to Personality*. London 1995.

Arthur Mee. *Esoteric or Exoteric: a Symposium*. London 1912.

Isabelle M. Pagan. *From Pioneer to Poet*. London, 2nd ed. 1926

John Partridge. *Merlinus Liberatus*. London, 1794.

Robert Pelletier. *Das Buch der Aspekte*. München, 1985.

Raphael. *A Manual of Astrology*. London 1828.

William Seed. *An Almanack*. London 1847.

Vivian Robson. *A Beginner's Guide to Practical Astrology*. London 1933.

William C. Eldon Serjeant. *The Astrologer's Guide: Anima Astrologiae*. London 1886.

Sepharial (Walter Gorn Old). *The Manual of Astrology*. London 1828.

Ebenezer Sibly. *A new and Complete Illustration of the Celestial Science of Astrology*. London, 1823

Keith Thomas. *Religion and the Decline of Magic,* Middlesex 1971.

Nicholas de Vore. *The Encyclopedia of astrology,* New York 1980, (zuerst 1947).

Maurice Wemyss. *Wheel of Life or Scientific astrology*. Band 1-4 London 1927 – 1929, Band 5 (erschienen nach 1945).

Edward W. Whitman. *Pluto the Transformer and Annihilator. The Planet of Fission in the Twelve Houses of the Horoscope*. Selbstverlag. London o. J..

John Worsdale. *Celestial Philosophy, or Genethliacal Astronomy*. London 1828.

Weitere Bücher aus dem Chiron Verlag

William Lilly
Christliche Astrologie 1 und 2
578 Seiten, Leinen, zahlreiche Abbildungen und Tabellen
ISBN 978-3-89997-144-6

William Lilly (1602 – 1681) ist unbestritten der bekannteste Astrologe Englands. Dies ist sein Hauptwerk. Neben einer ausführlichen Einführung in die Regeln der klassischen Astrologie, weist er den Leser in die hohe Kunst der Stundenastrologie ein.

* * *

Julius Firmicus Maternus
Die acht Bücher des Wissens - Matheseos Libri VII
448 Seiten, Hardcover, 4 Abb. ISBN 978-3-89997-171-X

Firmicus Maternus lebte im 4. Jh. n. Chr. und hat das umfangreichste Lehrbuch der Geburtsastrologie hinterlassen, welches uns aus dem Altertum erhalten geblieben ist. Einen Höhepunkt bildet seine Lehre von den Sternbildern und der Tierkreisgrade.

* * *

Claudius Ptolemäus
Tetrabiblos
280 Seiten, Paperback, ISBN 978-3-925100-17-8

Ptolemaeus wurde um 100 n. Chr. geboren und lebte in Alexandrien als Geograph und Astronom. Mit seinen Tetrabiblos vermachte Ptolemäus der Mit- und Nachwelt ein zeitloses Dokument der Astrologie.

* * *

Claudius Galenos und Hippokrates
Der Krankheitsverlauf im Horoskop
Quellentexte zum Dekumbitur
143 Seiten, Hardcover, ISBN 978-3-89997-173-6

Von den beiden berühmtesten Ärzten der Antike gibt es Texte, die sich mit der Astrologie des Krankheitsbeginns und dem daraus ableitbaren Verlauf befassen. David ben Yom Tov (14. Jh.), Johannes Ganivetus (16. Jh.), Nicholas Culpeper (17. Jh.) und Andreas Argolus (17. Jh.) runden den Sammelband ab.